Ötzi, die Räter und die Römer

Archäologische Ausflüge in Südtirol

Noch nicht am Ziel.
Und doch schon angekommen.

Ötzi, die Räter und die Römer

Archäologische Ausflüge in Südtirol

Luisa Righi/Stefan Wallisch • Folio Verlag Wien/Bozen

Dieser Führer entstand in Zusammenarbeit mit dem Südtiroler Archäologiemuseum und mit freundlicher Unterstützung der Abteilung Tourismus der Autonomen Provinz Bozen - Südtirol.

HINWEIS

Alle Angaben erfolgen nach bestem Wissen und Gewissen. Die beschriebenen Ausflüge werden auf eigenes Risiko unternommen; Autoren und Verlag übernehmen keinerlei Haftung. Für die Wanderungen wird die Mitnahme von geeignetem Kartenmaterial empfohlen oder Sie planen Ihre Wanderung mithilfe von www.trekking.suedtirol.info.

DANK

Wir wollen all jenen Verwandten und Freunden danken, die uns bei unseren Wanderungen begleitet haben: Angiolina und Giuliano; Elena, Stefan und Matteo; Erika; Martina, Gianluca und Leonhard; Diego; Jutta, Roland, Theo und Oskar; Lisi, Jörg und Leni; Lissi, Viktoria und Leopold mit Artur.
Ein besonderer Dank geht an Adele Brunner, Giovanna Ianeselli und Petra Tappeiner vom Folio Verlag; an Angelika Fleckinger, Günther Kaufmann, Melitta Franceschini und Günther Niederwanger vom Südtiroler Archäologiemuseum; sowie auch an Manuela Tessaro, Karl Gruber, Reinhold Messner, Hans Wielander, Catrin Marzoli, Gottfried Leitgeb, Wolfgang Schweiggl und viele andere mehr.

SYMBOLE

- Was gibt es zu sehen?
- Charakteristik des Ausflugs
- Gehzeit und Höhenmeter
- Wie komme ich hin?
- Adresse
- Öffnungszeiten
- Einkehr
- Zusatzinformation
- GPS-Download unter www.righi-wallisch.it
- Archäologische Stätte

BILDNACHWEIS

Südtiroler Archäologiemuseum:
S. 8, 9, 10, 11 o., 14–15, 22, 23, 24, 29 o., 30, 33 u., 38, 40, 46, 48, 59, 68, 69 u., 72, 74–75, 113, 118, 120, 126, 127 u., 132–133, 143, 153, 171, 172, 173 r.
Andree Kaiser: S. 12
Günther Niederwanger: S. 101 o., 101 u., 173 l.
Marion Overkamp: S. 11 u.
Franz Rigo: S. 136
Manuela Tessaro: S. 22–23 (Ötzi)
Denkmalamt der autonomen Provinz Bozen, Ulli Buhl: S. 108
Karl Gruber: S. 53, 62, 92–93
Roland Lorenzini: S. 17, 19, 96, 98
Wolfgang Schweiggl: S. 76
Manuela Tessaro: S. 61
Hans Wielander: S. 82

Alle anderen Fotos stammen von Luisa Righi und Stefan Wallisch.
Umschlagbild: Auf Castelfeder, Foto: Manuela Tessaro

Fachlektorat: Günther Kaufmann
Lektorat: Petra Tappeiner
Grafik: no.parking, Vicenza
Druckvorstufe: Typoplus, Frangart
Printed in Italy
ISBN 978-3-85256-486-9
www.folioverlag.com

INHALTSVERZEICHNIS

Für Lina und Matteo

VORWORT

Die Ötzi-Fundstelle

Wie lebten die Steinzeitjäger? Wer war Ötzi? Was ist ein rätisches Haus? Wo verlief die *Via Claudia Augusta*? Die Antworten auf diese Fragen kann man am besten mit dem Rucksack auf den Schultern direkt vor Ort finden! Die Schönheit und kulturelle Vielfalt Südtirols lassen sich erst so richtig erfassen, wenn man die Geschichte dieses Landes inmitten der Alpen kennt. Ganz Südtirol ist nämlich ein großes Freilichtmuseum: Vor rund 10.000 Jahren zogen die Steinzeitjäger über die Lüsner Alm, am Schlern auf mehr als 2.500 m Höhe wurden in der Bronzezeit für die Götter gewaltige Feuer entzündet und Opfer dargebracht, schon vor 2.000 Jahren ratterten die römischen Karren ächzend über den Brenner.

Diesem Wanderführer liegt die Idee zugrunde, alle Wissensdurstigen ins Freie an jene Orte zu begleiten, wo die bedeutendsten Funde des Südtiroler Archäologiemuseums gemacht worden sind und wo Geschichte geschrieben wurde. So begeben wir uns im wahrsten Sinne des Wortes auf die Spuren unserer Vorfahren. Ab und zu blicken wir auch über die Landesgrenzen hinaus und machen einen Sprung nach Tirol und ins Trentino. Unser Ziel ist es, nicht so sehr einem gehobenen wissenschaftlichen Anspruch gerecht zu werden, sondern vielmehr Jung und Alt Lust auf Archäologie zu machen. Geschichte kann wirklich spannend sein, das haben wir bei unseren Touren selbst erlebt!

Mit ihrem fachlichen Wissen, zahllosen Tipps und viel Geduld haben uns Angelika Fleckinger und Günther Kaufmann, die Direktorin und der Konservator des Südtiroler Archäologiemuseums, in allen Phasen des Buches – von der Auswahl der Wanderungen bis zum Schreiben – begleitet. Ihnen gilt unser freundschaftlicher Dank.

Wir wünschen allen Leserinnen und Lesern eine spannende Zeitreise!

Luisa Righi-Wallisch und Stefan Wallisch

2,5 Mio.–9.000 v. Chr.

Altsteinzeit
Paläolithikum
Steingeräte aus Feuerstein

9.000–5.500 v. Chr.

Mittelsteinzeit
Mesolithikum
Biwakstation auf Plan de Frea

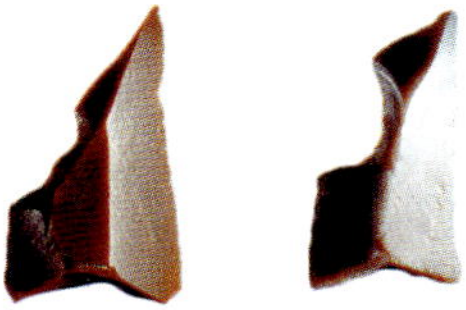

EINE REISE VON DER ALTSTEINZEIT BIS ZU DEN RÖMERN

Vor rund 17.000 Jahren, mit dem Ende der letzten Eiszeit, begann der Mensch von Süden her in unsere Region vorzustoßen. Die Jäger der **Altsteinzeit** (Paläolithikum, 2,5 Mio. bis ca. 9.000 v. Chr.) zogen durch das untere Etschtal, über die Hochebene von Asiago und die Monti Lessini, die klimatisch begünstigt waren. In der **Mittelsteinzeit** (Mesolithikum, ca. 9.000–5.500 v. Chr.) war das Gebiet des heutigen Südtirols bereits weitgehend bewaldet. Mit den Pflanzen und Tieren kamen bald auch die Jäger und Sammler in die Berge. Die nomadisierenden Clans lebten im Sommer auf den Hochalmen, wo es reichlich Wild zu jagen gab, im Winter hielten sie sich hingegen in den Tälern auf. Sie lebten in einfachen Biwakstationen, die oft unter großen, überhängenden Felsen errichtet wurden. Die gesamte Familie folgte den Männern bei den sommerlichen Jagdzügen in die Hochgebirgsregion, wie Milchzähne, die am Plan de Frea – ein gewaltiger Fels und mittelsteinzeitlicher Lagerplatz am Grödner Joch – gefunden worden sind, belegen. In der **Jungsteinzeit** (Neolithikum, ca. 5.500–3.300 v. Chr.) wurde der Mensch immer mehr sesshaft. Mit dem Ackerbau und der Viehhaltung waren die Jagd und das Sammeln von wilden Früchten und Beeren nicht mehr die einzige Form der Nahrungsmittelbeschaffung. Da man nicht mehr ständig weiterziehen musste, wurden

auch die Unterkünfte solider: Statt der Zelte und Unterstände gab es recht wohnliche Hütten. Mit dem Aufkommen der Metallgewinnung und -verarbeitung in der **Kupferzeit** (ca. 3.300–2.200 v. Chr.) entwickelte sich in den Siedlungen das Handwerk. Es bildeten sich „Berufsgruppen" heraus, die ihr Können und Wissen von Generation zu Generation weitergaben. In der **Bronzezeit** (2.200–1.000 v. Chr.) hatte der Mensch bereits ein sehr großes Geschick in der Anfertigung von Gegenständen und Waffen entwickelt: Das Hauensteiner Schwert und der Dolch aus dem Martelltal sind wunderschöne Beispiele hierfür. Die Räter prägten in unserer Region die **Eisenzeit** (ca. 1.000–15 v. Chr.). Sie lebten in Holzhütten mit gemauerten Kellern, bauten Wein an und hatten sogar schon eine Schrift. Sie standen mit den Etruskern im Süden und den Kelten im Norden in Kontakt und übernahmen von ihnen Wissen, aber auch Modetrends. Erst recht spät, um 15 v. Chr., eroberten die **Römer** das Gebiet des heutigen Südtirols. Sie errichteten moderne Verkehrswege, wie die *Via Claudia Augusta*, die die Adria mit der Donau verband, oder die Straße über den Brenner. Mit dem regen Verkehr auf diesen die Alpen überquerenden Routen kamen auch das Geld, die lateinische Sprache sowie neue Sitten und Religionen, wie etwa der Mithras-Kult, der seinen Ursprung in Persien hatte. Die Römerzeit endete 476 n. Chr. mit der Absetzung des letzten weströmischen Kaisers Romulus Augustulus. Die Barbaren fielen ein. Aber das ist eine andere Geschichte …

DAS SÜDTIROLER ARCHÄOLOGIEMUSEUM IN BOZEN

Am 19. September 1991 wurde am Tisenjoch im Schnalstal ein mumifizierter, teilweise aus dem Eis ragender Körper entdeckt. Die Sensation war perfekt: Auf der ganzen Welt gab es bis dahin keinen so gut erhaltenen Fund eines Menschen aus der Kupferzeit (ca. 3.300–3.100 v. Chr.), der zudem in seiner Bekleidung und mit seiner vollständigen Ausrüstung im Gletschereis konserviert worden war. Eine Serie von Bildern ging um die Welt. Bald wurde von einer Sternstunde der Archäologie, einem Jahrhundertfund, einer Sensation ersten Ranges gesprochen. Das Römisch-Germanische Zentralmuseum in Mainz übernahm die konservatorische Versorgung der gesamten Beifunde; für die Mumie standen am Institut für Anatomie der Universität Innsbruck zwei Kühlzellen zur Verfügung. Dort wurde sie bis zur Rückführung nach Südtirol am 16. Januar 1998 konserviert und wissenschaftlich untersucht.

Seit dem 28. März 1998 ist die Mumie im neu errichteten Südtiroler Archäologiemuseum in Bozen der Öffentlichkeit zugänglich. Fasziniert, staunend, aber auch seltsam berührt begegnen jährlich an die 230.000 Menschen aus aller Welt diesem Zeugen unserer Vergangenheit. Das Museum dokumentiert auf 1.200 m² die Ur- und Frühgeschichte Südtirols vom Ende der letzten Eiszeit (15.000 v. Chr.) bis zur Zeit Karls des Großen (um 800 n. Chr.). Eingefügt in den historischen Rahmen bilden der Mann aus dem Eis und seine Beifunde den zentralen Ausstellungskomplex. Auf anspruchsvolle und gleichzeitig unterhaltsame Weise wird ein Themenbogen von

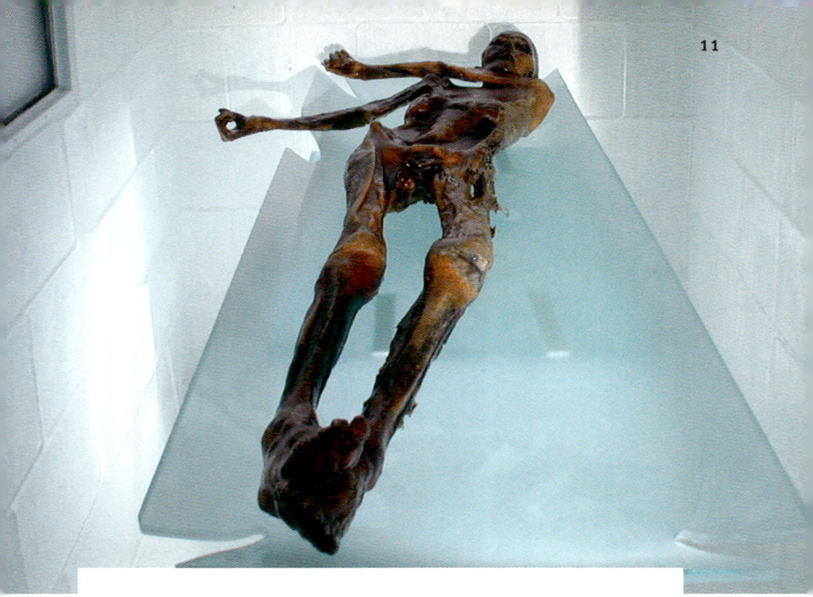

der Auffindungsgeschichte der Mumie über die Bedeutung des Fundes bis hin zu den faszinierenden Ergebnissen der jahrelangen wissenschaftlichen Arbeit gespannt. Dieser einmalige, bislang unbekannte Einblick in das Alltagsleben eines kupferzeitlichen Alpenbewohners zeigt dessen außerordentliche Fähigkeiten, sich der Umwelt anzupassen und ihre Angebote umfassend zu nutzen. Das Museum versteht sich als Ort der Begegnung, der gemeinsamen Erfahrung und der kreativen Auseinandersetzung mit der Vergangenheit. Das Museumsteam erarbeitet laufend Angebote und Programme für Groß und Klein, die einen erlebnisreichen Besuch versprechen.

Die Gletschermumie in der Kühlzelle

Angelika Fleckinger
Direktorin des Südtiroler Archäologiemuseums

Kurz & bündig

Südtiroler Archäologiemuseum
Museumstraße 43
39100 Bozen
Tel. 0471 320100
Fax 0471 320122
museum@iceman.it
www.iceman.it

Di–So von 10–18 Uhr (letzter Einlass 17.30 Uhr), im Juli, August und Dezember auch montags, an Feiertagen geöffnet. 1. Januar, 1. Mai und 25. Dezember geschlossen.

ÖTZI
DER MANN AUS DEM EIS

In einer Mulde auf 3.210 m Seehöhe ragen der Kopf und der Rücken eines Toten aus einer Pfütze Schmelzwasser. Es ist der 19. September 1991, das deutsche Ehepaar Erika und Helmut Simon steigt gerade während einer Wanderung am Ötztaler Gletscher von der Finailspitze zum Tisenjoch ab. Nachdem sie den schaurigen Fund gemacht haben, gehen sie weiter zur Similaunhütte und melden ihn dem Hüttenwirt Markus Pirpamer. Es vergehen drei Tage, bis die wahre Bedeutung dieser Gletscherleiche richtig eingeschätzt wird. Der Innsbrucker Archäologe und Universitätsprofessor Konrad Spindler hat keine Zweifel, als ihm am 24. September das Bronzebeil und andere Ausrüstungsgegenstände gezeigt werden: Sie seien mindestens 4.000 Jahre alt, erklärt er. Die Radiokarbonuntersuchung legt das Alter sogar auf 5.300 Jahre fest.
Der Sensationsfund fasziniert ab diesem Zeitpunkt die Forschung und die Presse, die den Toten „Ötzi" (nach dem nahen Ötztal) tauft. Sein offizieller Name sollte aber „Mann aus dem Eis" werden. Seit 1991 haben die Wissenschaftler dank modernster Technologien bis dato unvorstellbare Erkenntnisse über das Leben dieses Mannes in der Kupferzeit gewonnen. 60 Institute in elf verschiedenen Staaten sind an diesem Forschungsprojekt beteiligt. Der Tote war, bevor er von Schnee und Eis mehr als 5.000 Jahre verdeckt wurde, einem Austrocknungsprozess ausgesetzt. Auf diese Weise blieb der Körper samt den inneren Organen fast unversehrt. Heute haben wir Kenntnisse darüber, was Ötzi aß, an welchen Krankheiten er litt, welche Kleidung und Waffen er trug. 2001, zehn Jahre nach dem Auffinden der Gletschermumie, konnte der letzte große Puzzlestein, jener der Todesursache, eingefügt werden. Der Mann aus dem Eis war nicht tödlich verunglückt, sondern mit einem Pfeilschuss in den Rücken vermutlich aus dem Hinterhalt oder auf der Flucht ermordet worden!
Bei unseren Wanderungen erfahren wir, woher Ötzi stammte, wie er lebte und wie er den Tod fand. Wir begeben uns, im wahrsten Sinne des Wortes, auf seine Spuren und besuchen unter anderem sogar den „Tatort" am Tisenjoch. Der Mann aus dem Eis musste auch als Namensgeber für andere Funde herhalten. Als am Rieserferner Gletscher vorgeschichtliche Kleidungsstücke entdeckt wurden, schrieb die Presse sofort von einem „zweiten Ötzi", auch wenn die Leiche nie gefunden wurde. Als auf Schloss Sigmundskron bei Bozen ein Grab aus der Jungsteinzeit mit einem uralten Frauenskelett ans Tageslicht kam, war dieses bald als „Ötzis Oma" bekannt. Wir gehen deshalb der Frage nach, wie es um diese „Verwandtschaftsverhältnisse" tatsächlich steht.

ÖTZI WAR EIN „SÜDTIROLER“

DER URGESCHICHTLICHE SIEDLUNGSPLATZ BEI SCHLOSS JUVAL

Ötzi hat viele Väter. Zunächst stritten sich Österreich und Italien darüber, wem die kostbare Gletscherleiche denn nun gehöre. Die Fundstelle lag – wie eine Vermessung ergab – rund 92 Meter von der Staatsgrenze entfernt auf Südtiroler Seite. Es folgte die Diskussion über die Herkunft. Viele wollten diesen besonderen Vorfahren für sich in Anspruch nehmen, und auch diesmal lieferten Technik und Wissenschaft genaue Antworten. In Juval ist Ötzi mit großer Wahrscheinlichkeit vorbeigekommen …

Der Mann aus dem Eis hatte ein bewegtes Leben. Geboren wurde er im Eisack- oder Pustertal, wo er auch aufwuchs. Als Erwachsener war er im Etschtal zu Hause und dann kurz vor seinem Tod im unteren Vinschgau unterwegs. Es stellt sich die berechtigte Frage, wie sich sein Lebenslauf nach mehr als 5.000 Jahren so exakt rekonstruieren lässt. Dies ist dank der Isotopenuntersuchung des Zahnschmelzes und der Knochen möglich. Das Wasser hat von Ort zu Ort unterschiedliche Inhaltsstoffe, die sich im menschlichen Körper ablagern. Demnach lebte Ötzi im Kindesalter auf kristallinen Böden (Schiefer, Phyllit und Gneis), die im Puster- und Eisacktal anzutreffen sind. Seine letzten 10 bis 20 Jahre verbrachte er auf vulkanischen Böden, wie sie im Etschtal rund um Bozen vorkommen. Den letzten Aufenthaltsort vor seinem Tod verrät uns der Darminhalt. Die Präsenz von hellem Glimmer, ein Mineral, weist darauf hin, dass Ötzi im unteren Vinschgau Wasser getrunken und Lebensmittel zu sich genommen hat.

Schloss Juval

Vermutlich ist der Mann aus dem Eis auf dem Weg zum Tisenjoch, wo er dann ums Leben kommen sollte, in Juval, das nur einen Tagesmarsch entfernt liegt, vorbeigekommen oder hat dort sogar eine Zeit lang gelebt. Auf dem ausgesetzten Hügel am Eingang in das Schnalstal befand sich damals eine ausgedehnte prähistorische Siedlung. Es wird angenommen, dass rege Kupfer abgebaut wurde: Manche der zahlreichen Funde, die hier gemacht wurden, gehen sogar bis auf die frühe Jungsteinzeit zurück. Dies zeigt, dass Juval seit mehr als 8.000 Jahren fast ohne Unterbrechung besiedelt wird. Viele vorgeschichtliche Siedlungsspuren, mit Ausnahme einiger Schalensteine, sind jedoch im 13. Jh. während der Errichtung der Burganlage zerstört worden. Heute ist das Schloss Reinhold Messners Sommerresidenz und Sitz eines seiner Bergmuseen.

Apropos ...

Wie ist es möglich, das genaue Alter von Knochen und Gegenständen zu bestimmen, auch wenn sie Jahrtausende alt sind? Die Antwort liefert uns die Radiokarbonuntersuchung: Alle Lebewesen sammeln im Laufe ihres Lebens das radioaktive Kohlenstoff-Isotop C14 an. Nach dem Tod wird es sehr langsam aber stetig abgebaut. Durch die Messung dieses Wertes kann das Alter eines Fundstückes geschätzt werden.

ZUM URGESCHICHTLICHEN SIEDLUNGSPLATZ BEI SCHLOSS JUVAL 3

Der Schnalswaalweg verläuft immer eben neben einem Bewässerungskanal, der einst dafür verwendet wurde, das wertvolle Nass von den Gletschern in den trockenen Vinschgau zu leiten. Diese Waalwege sind heute beliebte Wanderrouten. Der Weg Nr. 3 (Archäologischer Wanderweg) startet in Altrateis (883 m) in der Nähe der Bushaltestelle an der Kreuzung nach Fuchsberg. Das erste Stück führt durch einen dichten Wald. Nach rund einer ½ Stunde überqueren wir zwei Rinnen (Achtung: Steinschlag nach starken Regenfällen!). Sobald wir auf eine weite Wiese kommen, ist das Schloss bereits zum Greifen nahe. Am Schlosswirt (🍴) vorbei geht es weiter zum Sonnenhof (🍴), den wir in wenigen Minuten erreichen. Von hier führt der Weg Nr. 1 entlang einer kurzen Steigung zum Schloss Juval (927 m; 1½ Stunden ab Start). Für den Rückweg gehen wir die Asphaltstraße ein kurzes Stück hinunter und nehmen dann wieder den Schnalswaalweg.

Kurz & bündig

👁 ein Ort mit 8.000-jähriger Geschichte

Waalweg-Wanderungen zu den sonnigen Hängen von Schloss Juval

⌛ 2¾ Stunden, 120 Höhenmeter, 10 km

🚌 Auf der Schnalstalerstraße bis nach Altrateis, bei der Abzweigung nach Fuchsberg parken.

✉ **Schloss Juval:** eines der Bergmuseen von Reinhold Messner, Tel. 348 4433871

🕒 Besichtigung nur mit Führung von Palmsonntag bis Ende Juni und vom 1. September bis Anfang November, 10–16 Uhr, Mi geschlossen.

🍴 **Schlosswirt Juval:** Am Hof von Reinhold Messner werden Südtiroler Spezialitäten mit lokalen Produkten serviert. Geöffnet von Anfang März bis Mitte November, Mi Ruhetag und die ersten zwei Wochen im Juli geschlossen, Tel. 0473 668056, www.schlosswirtjuval.it.

Sonnenhof: Typische Tiroler Küche. Geöffnet von Ostern bis Mitte Juni und von Anfang August bis Anfang November, Fr Ruhetag, Tel. 0473 667892.

ÖTZIS LEBEN

BESUCH IM ARCHEOPARC SCHNALS

Ötzi war zu Lebzeiten rund 1,60 m groß und wog 50 kg. Er hatte kein Gramm Fett und war durchtrainiert, wie man heute sagen würde. Er hatte blaue Augen, einen Bart und lange dunkelbraune Haare. Mit rund 47 Jahren war er für die damalige Zeit relativ alt. Die Wissenschaft hat noch mehr über das Leben des Mannes aus dem Eis herausgefunden ...

Die Feuchtmumie, die 5.300 Jahre praktisch unversehrt vom Gletschereis konserviert wurde, ist in den Jahren seit ihrem Auffinden von Kopf bis Fuß untersucht worden. Die Forschungsergebnisse liefern uns einen bisher nie dagewesenen Einblick in das Leben der Kupferzeit. Wie Kupfer- und Arsenspuren, die in seinen Haaren ausfindig gemacht worden sind, belegen, hatte der Mann aus dem Eis vermutlich mit der Metallverarbeitung zu tun. In der Lunge wurden Anzeichen einer andauernden und starken Rauchbelastung gefunden. Das verwundert nicht weiter, denn damals wurden die Speisen am offenen Feuer zubereitet; außerdem war es die einzige zur Verfügung stehende Wärmequelle. Das Nasenbein und einige Rippen waren, wie Röntgenaufnahmen und eine Computertomografie ergeben haben, gebrochen und dann wieder verheilt. Ob Ötzi sich diese Verletzungen bei Unfällen oder bei Auseinandersetzungen zugezogen hat, lässt sich heute nicht mit Sicherheit sagen. Dass die Menschen bereits in der Kupferzeit gestresst waren,

Geschichte spielend lernen

belegen die sogenannten Beau-Reil-Querfurchen auf einem Fingernagel. Es handelt sich um kleine Rillen, die damals wie heute Symptom für einen intensiven Lebenswandel sind.
Faszinierend sind die zahlreichen Tätowierungen, die am Körper des Mannes aus dem Eis entdeckt wurden. Gezählt wurden mehr als 60 Linien und Kreuzchen, die mit einer Mischung aus Kohlepulver und Wasser bleibend in die Haut eingeritzt wurden. Sie dürften therapeutische Zwecke gehabt haben und weniger mit seinem Status oder Symbolen in Verbindung stehen. Die Tätowierungen befinden sich an Stellen des Körpers, die von Arthrose befallen waren und sich erstaunlicherweise mit den Akupunkturstellen decken. Ötzi war, wie gesagt, für seine Zeit alles andere als jung. Seine Gelenke waren stark abgenutzt und bereiteten ihm sicherlich Schmerzen. Vermutlich erhoffte er sich von dieser Art von Behandlung eine Schmerzlinderung.

Die Analyse des Darminhaltes lieferte wertvolle Aufschlüsse über Ötzis Ernährung. Seine letzte Mahlzeit war eigentlich recht vielfältig und unterscheidet sich gar nicht so sehr von unserem Speiseplan. Er hatte neben einem Getreidebrei Fleisch und Gemüse zu sich genommen, die am offenen Feuer zubereitet worden waren. Abgerundet wurde das Menü mit getrockneten Wildfrüchten.
Die letzte offene Frage, die es zu beantworten gilt, ist die nach Ötzis Identität. Die Kupfer-Axt weist auf einen höheren sozialen Status hin. Die Theorien gehen jedoch weit auseinander: War er ein Jäger, Hirte oder Großbauer? Dafür würde seine Ausrüstung sprechen, die Jagd gehörte damals zum Alltag. War er ein Händler oder Erzsucher? Dafür spricht, dass er an einer wichtigen Nord-Süd-Passage ums Leben gekommen ist. Dagegen zu halten ist, dass in seiner Ausrüstung keinerlei Hinweise für diese zwei Tätigkeiten gefunden wurden.

ARCHEOPARC SCHNALS

Der Besuch des ArcheoParcs Schnals ist eine Reise in die Zeit des Mannes aus dem Eis. Das Aktivmuseum bietet zahlreiche interessante Informationen über das Leben vor 5.000 Jahren. So gibt es neben den originalgetreu rekonstruierten Ausrüstungsgegenständen, die Ötzi bei seinem Tod am Tisenjoch bei sich hatte, auch Filme und Schautafeln über sein Leben. Im Freigelände kommen vor allem die jungen Besucher voll auf ihre Rechnung: Sie können sich beim Töpfern, Brotbacken und Bogenschießen versuchen oder beim Kupferschmelzen zusehen.

ÖTZI-DORF IN UMHAUSEN (TIROL)

Der archäologische Freilichtpark Ötzi-Dorf in Umhausen im Tiroler Ötztal ist mit der Zielsetzung errichtet worden, die wissenschaftlichen Erkenntnisse rund um den sensationellen Gletscherfund den Besuchern auf verständliche Weise zu vermitteln. Groß und Klein lernen bei der Besichtigung des Ötzi-Dorfes die Behausungen, das Handwerk und den Ackerbau in der Vorgeschichte kennen. Außerdem leben am Freigelände kuriose Tiere wie Gletscherziegen, Wollschweine und Urrinder.

Im ArcheoParc

ZUR MASTAUNALM 4

Nach dem Besuch des ArcheoParcs (1.510 m) machen wir einen Spaziergang zur Mastaunalm (🍴) (1.810 m). Oberhalb des Museums nehmen wir den Weg Nr. 17, der in das Mastauntal führt. Es geht anfangs durch einen Wald und dann über Almwiesen immer am Wildbach entlang. Wir kommen zuerst am Mastaunhof (🍴) (1.643 m) vorbei, nach etwa einer Stunde sind wir bei der Mastaunalm, die zum Ausruhen und Spielen auf der Wiese einlädt. Zurück geht es in 40 Minuten auf dem Hinweg. Wer hingegen richtig wandern will, der kann noch auf dem Weg Nr. 19 zum Mastaunpichl (2.292 m) auf- und dann über die Lafetzalm absteigen.

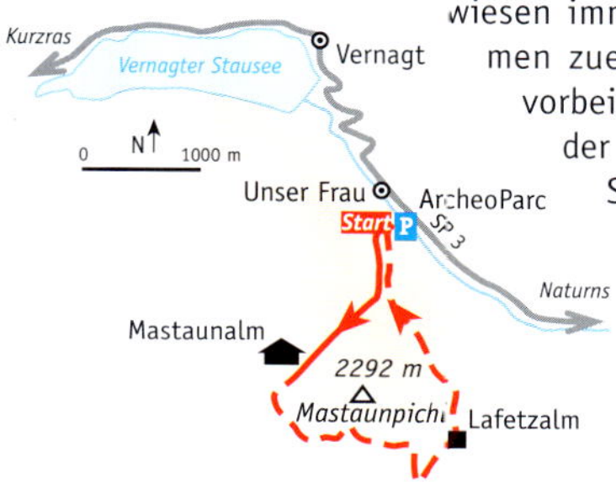

Apropos ...

Ötzis Zähne waren zwar völlig kariesfrei, aber stark abgenutzt, die Krone eines Schneidezahns sogar um 3 Millimeter. Vermutlich verwendete er beim Arbeiten die Zähne als „Werkzeug". Hauptgrund dürfte aber der Umstand sein, dass er ein Leben lang Getreide aß, das in Steinmühlen zubereitet worden war und deshalb voller Sand war. Übrigens: Beim Mann aus dem Eis fehlen, wie bei vielen Erwachsenen in unserer Zeit, die Weisheitszähne.

Kurz & bündig

Besuch des Museums, das Ötzi und seiner Zeit gewidmet ist.

Ausflug zu den grünen Wiesen der Mastaunalm

1¾ Stunden, 300 Höhenmeter, 3,8 km (große Runde: 4½ Stunden, 810 Höhenmeter, 8 km)

Bei Staben, westlich von Naturns, in das Schnalstal. Der ArcheoParc befindet sich in Unser Frau in Schnals.

ArcheoParc: Unser Frau in Schnals, Tel. 0473 676020, www.archeoparc.it

Von Ostern bis Anfang November, Di–So 10–18 Uhr, an Feiertagen, im Juli und August auch montags geöffnet.

Ötzi-Dorf: Umhausen im Ötztal (A), Tel. +43 (0)5255 5795, www.oetzidorf.at

Geöffnet von Ende April bis Ende Oktober, 9.30–17.30 Uhr.

Mastaunalm: Gemütliche Almhütte, Spezialität „Schnalser Schöpsernes". Geöffnet von Anfang Juni bis Ende Oktober, Tel. 338 2891644.

DIE AUSRÜSTUNG DES MANNES AUS DEM EIS

Bärenfellmütze

Köcher

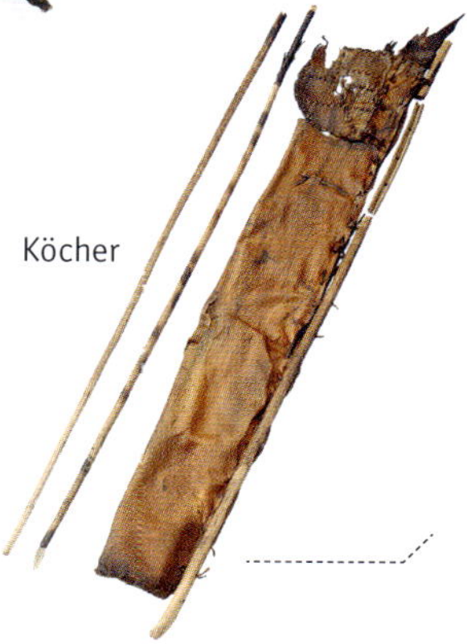

Beinkleider aus Ziegenfell

Birkenrinden-gefäße

Mantel aus Ziegenfell

Retuscheur für Steingeräte

Dolch mit Feuersteinklinge

Beil mit Kupferklinge

Bogen

Gürtel mit Gürteltasche

Strohmatte

Außenschuhe aus Hirschleder

Archäologen an der Fundstelle

ÖTZIS TOD AM TISENJOCH

Ötzi bricht, von einem Pfeil von hinten an der linken Schulter getroffen, zusammen. In der Faust hält er noch seinen Dolch mit der Feuersteinklinge, mit dem er sich seinen Angreifern stellen wollte. Wer hat auf ihn geschossen? Was ist das Tatmotiv? Warum hat der Mörder das wertvolle Kupferbeil nicht mitgenommen? Der Tod des Mannes aus dem Eis ist einer der ältesten und wohl auch spannendsten Kriminalfälle der Menschheitsgeschichte. Wir begeben uns heute zum Tatort.

Am Tisenjoch legte Ötzi eine Rast ein, nachdem er den höchsten Punkt seines Weges auf 3.210 m Seehöhe erreicht hatte. Von hier ging es nur noch bergab. Bevor er tödlich verletzt zusammenbrach, stellte er seine Ausrüstung an den umliegenden Felsen ab. Es war Frühsommer, das verraten die Pollen und Blätter, die 5.300 Jahre später beim Toten gefunden wurden. Ötzi befand sich vermutlich auf der Flucht. Er hatte nämlich nur zwei fertige Pfeile mit Feuersteinspitzen bei sich. Der Bogen wie auch zwölf andere Pfeile im Köcher mussten hingegen noch bearbeitet werden, um einsatzbereit zu sein. Eine Verletzung an der rechten Hand könnte von einer Auseinandersetzung wenige Stunden vor seinem Tod stammen. Die Schussverletzung dürfte er hingegen am Tisenjoch erlitten haben, denn er ist binnen weniger Minuten verblutet. Vermutlich hatte ihm sein Feind hier aufgelauert oder ihn bis zur Passhöhe verfolgt. Der Mörder hinterließ keine Spuren. Hat er den Toten zur Seite gedreht und seinen Pfeil, der ihn verraten hätte können, heraus gerissen? Nur die Spitze blieb im Körper stecken. Das wertvolle Kupferbeil nahm er nicht mit. Vielleicht weil es sich offensichtlich um ein unverkennbares Stück handelte? Kein Räuber hätte es zurückgelassen, weshalb angenommen wird, dass Ötzi Opfer einer Fehde zwischen verfeindeten Clans zum Opfer fiel oder von seinem eigenen Dorf verstoßen worden war. Oder konnte der Mörder den Toten im Schneesturm einfach nicht mehr ausfindig machen?

Das „Labyrinth"

SCHILDERT EIN MENHIR ÖTZIS ERMORDUNG?

Auf einem Menhir, einer rund 4.700 Jahre alten Steintafel, ist ein Bogenschütze eingeritzt, der von hinten auf einen Mann schießt. Ob es sich tatsächlich um die Darstellung von Ötzis Ermordung handelt, darf bezweifelt werden, denn der Stein ist gut 500 Jahre jünger. Die Stele im Kirchlein Unsere Liebe Frau auf dem Bichl bei der Seilbahnstation in Latsch ist jeden Montag im Rahmen der kunsthistorischen Führung durch Latsch zu sehen. (Treffpunkt 15.30 Uhr im Tourismusbüro, Tel. 0473 623109)

Apropos ...

Im Tisental kommen wir während unserer Wanderung an seltsamen spiralförmigen Mauerresten vorbei, die „Labyrinth" oder „Schneckenhütte" genannt werden. Eine genaue Datierung ist schwierig, es dürfte sich aber um einen Unterschlupf für Hirten handeln. Ganz in der Nähe beim Bach wurden Feuerstein-Funde getätigt, was auf die Präsenz von Steinzeitjägern hindeutet. Früher führte der Übergang in das Ötztal direkt über das Tisenjoch und nicht wie heute rechts über das Niederjoch. Auch Ötzi war vermutlich auf diesem direkteren Weg unterwegs, als er ums Leben kam.

ZUR ÖTZI-FUNDSTELLE 5

Wir steigen vom Vernagter Stausee (1.690 m) über das wunderschöne Tisental und die Similaunhütte zur Ötzi-Fundstelle auf 3.210 m Seehöhe. Trittsicherheit und gute Kondition sind Grundvoraussetzungen. Wer hingegen von Grawand über den Gletscher zum Tisenjoch will, kann dies nur mit einem Bergführer machen. Der Tourismusverein Schnalstal bietet geführte Touren an (Tel. 0473 679148).

Im Tisental

Vom Parkplatz an der Staumauer des Sees geht es am Weg Nr. 2 bergauf Richtung Similaunhütte. Nach wenigen Minuten kommen wir am Tisenhof (🍴) (1.814 m) vorbei. Weiter geht es auf einem Pfad, der seit Urzeiten das Schnalstal mit dem Ötztal verbindet. Noch heute findet hier der traditionelle Schafübertrieb statt. Nach rund 1¾ Stunden kommen wir am „Labyrinth" (2.305 m) (GPS: N46°45.379 E10°50.749) vorbei. Der Weg wird steiler und rund 3½ Stunden nach dem Start sind wir bei der Similaunhütte (🍴) (3.019 m). Weiter geht es über einen felsigen Kamm. Ausgesetzte Stellen sind mit Halteseilen gesichert. Nach knapp einer Stunde ab der Similaunhütte sind wir an der Ötzi-Fundstelle (GPS: N46°46.735 E10°50.400) am Tisenjoch, von wo wir einen atemberaubenden Blick hinunter in das Tisental bis zum Vernagter See genießen. Zurück geht es in rund 4 Stunden auf der Aufstiegsroute.

Kurz & bündig

👁 zur Fundstelle des Mannes aus dem Eis auf 3.210 m

hochalpine Tour nur für erfahrene Bergsteiger

⌛ 8½ Stunden (4½ im Aufstieg), 1.650 Höhenmeter, 16 km

🚌 Bei Staben, westlich von Naturns, in das Schnalstal bis zum Vernagter Stausee. Bei der Staumauer parken.

🍴 **Similaunhütte:** Ersehnte Zwischenstation auf dem Weg zum Tisenjoch. Von Mitte Juni bis Anfang Oktober geöffnet, Tel. 0473 669711, www.vent-hotel-post.com.

„ÖTZIS OMA“

DAS FRAUENSKELETT VON SIGMUNDSKRON

Als im März 2006 vor der Sigmundskroner Schlossmauer ein uraltes Frauenskelett entdeckt wurde, dauerte es nicht lange, und die Journalisten hatten den passenden Namen gefunden: „Ötzis Oma“! Wir besuchen heute Sigmundskron und den Kaiserberg, die Zwillingshügel vor den Toren Bozens mit 8.000-jähriger Geschichte.

Blick auf Sigmundskron

Natürlich war die Frau von Sigmundskron mit dem Mann aus dem Eis nicht verwandt, sie ist aber vermutlich die „älteste“ Südtirolerin, die bisher entdeckt wurde. Sie dürfte vor mindestens 6.000 bis 7.000 Jahren gelebt haben. Die Knochenteile befanden sich in einem Grab in einer Felsmulde mit unregelmäßiger Steinsetzung von nur einem Meter Tiefe und waren deshalb über die Jahrtausende permanent Feuchtigkeits- und Temperaturschwankungen ausgesetzt. Wegen des schlechten Zustands der Knochen war es leider nicht möglich, sie anhand der C14-Methode (siehe S. 15) zu datieren. In der Erde über dem Skelett wurden aber Keramik und Feuerstein aus der Jungsteinzeit entdeckt. Auch die Bestattungsmethode in gehockter Position spricht für das Neolithikum. Die Frau war rund 20 bis 30 Jahre alt, 1,53 m groß und viel im steilen Gelände unterwegs, wie die Verformung der Knochen belegt.

Apropos ...

Die Menschen schätzten bereits in der Mittelsteinzeit (d. h. vor mindestens 8.000 Jahren) die natürliche Schutzfunktion der Zwillingshügel von Sigmundskron und Kaiserberg. Von hier kann man das gesamte Bozner Becken am Zusammenfluss von Etsch und Eisack überblicken. Leider sind viele prähistorische Spuren durch den Burgbau im 15. Jh. verloren gegangen.

SCHLOSS SIGMUNDSKRON UND DER KAISERBERG 12

Die Besichtigung des Messner Mountain Museums auf Schloss Sigmundskron lässt sich mit einem kleinen Ausflug kombinieren. Wir fahren mit der Eisenbahn oder dem Linienbus bis zum Bahnhof Sigmundskron (240 m). Nachdem wir die Etsch überquert haben, folgen wir dem Wanderweg Nr. 1 „Schloss Sigmundskron/Castel Firmiano". Dieser verläuft anfangs an einer Lagerhalle vorbei und führt dann durch einen schattigen Wald hinauf zur Burg (339 m), wo wir nach 20 Minuten ankommen. Besonders Wanderfreudige können nach dem Besuch des Museums auf dem Weg Nr. 1 weiter bis zu den Montiggler Seen gehen (rund 2 Stunden), von wo sie mit dem Linienbus zurückfahren können. Wir machen hingegen einen kleinen Abstecher zum Kaiserberg. Wir steigen wieder Richtung Etsch hinunter und biegen dann bald links ab und folgen dem Wegweiser „Kaiserberg". In weniger als 10 Minuten sind wir auf dem höchsten Punkt (355 m) und genießen einen herrlichen Ausblick auf Bozen und Schloss Sigmundskron. In knapp 20 Minuten kehren wir auf dem gleichen Weg zum Bahnhof zurück.

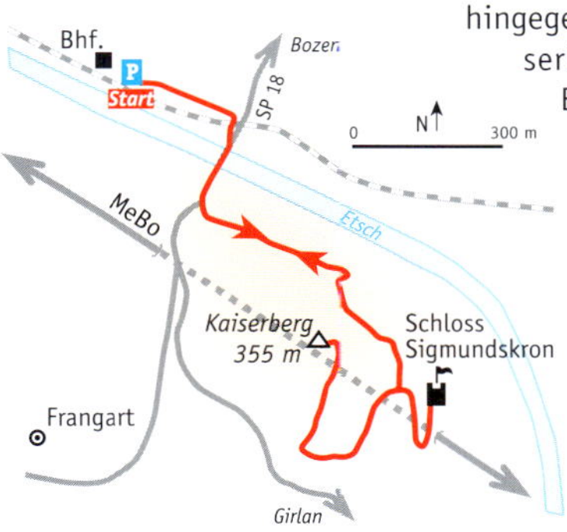

Kurz & bündig

Spuren der Steinzeit bei Schloss Sigmundskron und am Kaiserberg

kurzer und einfacher Spaziergang

1 Stunde, 160 Höhenmeter, 3,6 km

mit dem Bus, Zug oder Auto bis zum Bahnhof Sigmundskron bei Frangart

MMM Sigmundskron:
Tel. 0471 631264,
www.messner-mountain-museum.it

Geöffnet vom ersten Sonntag im März bis zum letzten Sonntag im November, Mo Ruhetag, 10–18 Uhr (letzter Einlass 17 Uhr).

Jausenstation im Museum:
Suppen, kalte Speisen und Mehlspeisen. Öffnungszeiten wie Museum, Tel. 347 9393066

STARB ER WIE ÖTZI?

GLETSCHERFUND AM RIESERFERNER

Im Sommer 1992 macht Gottfried Leitgeb, der Wirt der Rieserfernerhütte, auf einem Gletscherfeld südlich der Geltalspitze (3.126 m) einen seltsamen Fund: Er zieht einen gewebten Strumpf aus dem schmelzenden Eis. Zwei Jahre später gibt der Gletscher weitere Kleidungsstücke frei. Die Medien berichten groß vom Sensationsfund, der laut Radiokarbonuntersuchung aus dem 8. bis 5. Jh. v. Chr. stammt. Wir machen uns auf die Spur des eisenzeitlichen Wanderers.

Es ist ein unwirtlicher Tag vor rund 2.800 Jahren. Ein Mann steigt sicheren Schrittes über den Gletscher. Er ist in der Früh aus dem Ahrntal aufgebrochen, wo er mehrere Schafe verkauft hat, und muss nun in das Antholzertal absteigen, wo am Taleingang sein Dorf liegt. Den mühsamen Aufstieg hat er bereits hinter sich. Er ist den Weg schon oft gegangen. Plötzlich hört er das dumpfe Donnern einer Lawine ...

Wir werden wohl nie erfahren, was damals am Gemsbichljoch auf 2.850 m Seehöhe wirklich geschehen ist. Rätsel gibt vor allem der Umstand auf, dass nur die Beinbekleidung des Mannes gefunden wurde: ein Paar „Strümpfe", Beinlinge bzw. „Hosen" aus gröberem Stoff sowie gewebte Innenschuhe, die mit Leder überzogen waren. Von der Leiche sowie der restlichen Ausrüstung fehlt hingegen jede Spur. Nach erfolglosen Georadar-Messungen sind weitere Funde unwahrscheinlich. Der Wanderer könnte tatsächlich von einer Lawine erfasst worden sein. Er könnte die stark verbrauchten und mehrmals geflickten Kleidungsstücke hier auch einfach zurückgelassen oder den Göttern geopfert haben. Als erwiesen gilt hingegen, dass der Mann rund 1,70 m groß war und über hochalpine Erfahrung verfügte. Die funktionstüchtige, wenn auch ärmliche Bekleidung lässt auf einen Hirten schließen.

Das Antholzertal

Apropos ...

Bereits in der Eisenzeit zog es die Bewohner des Pustertals auf die umliegenden Gletscher. Dies belegen Steigeisen aus dem 6. Jh. v. Chr., die im Gräberfeld in der Windschnur bei Niederrasen entdeckt wurden. Damals reichte das ewige Eis tiefer in die Täler hinab, und es war oft unerlässlich, auch höhere Pässe zu überschreiten, um Jagdreviere, Weideland bzw. andere Siedlungen zu erreichen. Die Menschen hier verfügten deshalb über eine für das Hochgebirge geeignete Ausrüstung. Die am Gletscher gefundenen Stoffe sind durchaus aufwendig gewebt. Die Kleidungsstücke vom Rieserferner wie auch die Steigeisen aus der Windschnur sind im Südtiroler Archäologiemuseum in Bozen zu sehen.

VOM REINTAL ZUR RIESERFERNERHÜTTE 40

Der Aufstieg vom Reintal (Parkplatz 1.530 m) über das Geltal zur Rieserfernerhütte (🍴) (2.792 m) ist eine hochalpine Tour, für die Bergerfahrung und Kondition unerlässlich sind. Auf den Wanderer warten als Gegenleistung eine eindrucksvolle Landschaft und eine atemberaubende Aussicht. Vom schattigen Wald geht es über weite Almwiesen und gewaltige Geröllfelder bis dicht an den Gletscher heran! Rund 2,5 km vor Rein nehmen wir den Erlanger Weg Nr. 3 Richtung „Rieserfernerhütte/Rifugio Vedrette di Ries". Von der Putzeralm geht es durch den Wald hinauf zur Äußeren Geltalalm (1.995 m) und dann weiter zur Inneren Geltalalm (2.070 m). Der Weg wird zusehends steiler und die Vegetation karger. Nach rund 4 Stunden gelangen wir zur Rieserfernerhütte, dem höchsten Punkt unserer Wanderung. Der genaue Fundort, der nördlich der Hütte liegt, wird vom Entdecker nicht verraten, um unsachgemäße Suchaktionen zu vermeiden.

Der Abstieg erfolgt entweder über die Aufstiegsroute oder

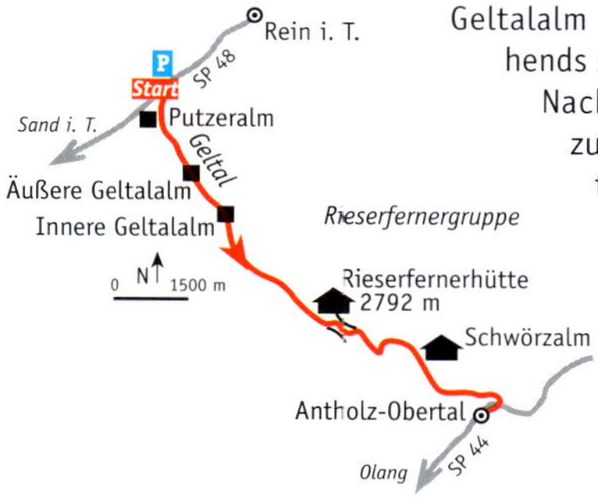

Aussicht von der Rieserfernerhütte

weiter über den Erlanger Weg hinab in das Antholzertal. Wer sich rechtzeitig über die Busverbindungen informiert bzw. ein zweites Auto organisiert, sollte auf jeden Fall die zweite Variante wählen und in das Antholzertal absteigen.

Für beide Routen benötigen wir rund 3 Stunden. Bei der Überschreitung geht es anfangs steil hinab über Serpentinen, Stein- und Holzstufen. In der Nähe der Schwörzalm (🍴) (1.668 m) liegt im Wald versteckt – und nicht leicht zu finden – der Hartmannstein. Hier soll sich der Legende nach der Brixner Bischof Mitte des 12. Jh. vor seinen Widersachern versteckt und auf dem gewaltigen Felsen sogar seine Fußabdrücke hinterlassen haben.

Kurz & bündig

👁 auf den Spuren des eisenzeitlichen Wanderers vom Rieserferner

👟 anstrengende aber eindrucksvolle Hochgebirgswanderung

⌛ 7 Stunden, 1.300 Höhenmeter, 16 km (Aufstieg vom Reintal 4 Stunden, für Abstieg auf gleicher Route wie auch ins Antholzertal rund 3 Stunden)

🚌 von Bruneck über Sand in Taufers ins Reintal (Parkplatz bei Kilometer 11 auf der linken Seite).

🍴 **Rieserfernerhütte:** Der Hüttenwirt und Heimatforscher Gottfried Leitgeb tischt auf 2.800 m Tiroler Hausmannskost und viel Interessantes über seinen Gletscherfund auf. Von Ende Juni bis Anfang Oktober geöffnet, Tel. 0474 492125, www.rieserfernerhuette.com.

Steinzeitliches Jagdrevier am Ritten

DIE JAGD

DER MENSCH WIRD VON DER BEUTE ZUM JÄGER

Die faszinierende Welt der Jagd unserer Vorfahren wird uns durch die Fundstücke. wie Pfeilspitzen, Beile und Dolche aus Stein, aber auch durch die Steinzeichnungen, auf denen die gejagten Tiere zu sehen sind, nähergebracht. Auf diese Weise haben wir nützliche Informationen über die Jagdtechnik sammeln können. Bis in die heutige Zeit sind von den vorgeschichtlichen Waffen vor allem jene aus Feuerstein und Bergkristall erhalten geblieben, denn die anderen Materialien, aus denen sie gefertigt waren, sind verrottet, wie beispielsweise das Holz, die Lederriemen und die Federn.
Im Reich der Tiere gibt es Jäger, die andere Tiere reißen, und Gejagte, Tiere, die zur Beute werden. Tiere sind von Natur aus durch ausgeprägte Sinnesorgane begünstigt. Der „Jäger Mensch" kann im direkten Vergleich mit seinen Herausforderern aus der Tierwelt nicht immer mithalten, oft ist er ihnen sogar deutlich unterlegen. Ein Falke kann eine Maus aus 1,6 km Höhe ausmachen, der Mensch sieht viermal weniger gut. Auch um den Geruchssinn steht es nicht besser: Der Mensch riecht zehnmal schlechter als ein Wolf. Im Sprint erreicht der Mensch eine Höchstgeschwindigkeit von 36 km/h – zu wenig, um mit einem Vierbeiner mithalten zu können. Da ein Pferd bis zu 70 km/h schnell laufen kann, ist es klar, dass es fast unmöglich ist, einem großen Beutetier auf der Flucht zu folgen. Tiere können auf ihre scharfen Zähne und Klauen zählen, wenn es darum geht, die Beute festzuhalten und zu töten. In der Jagd

muss der Mensch auf seine Schlauheit vertrauen. Da seine Fingernägel gänzlich ungeeignet zum Töten sind, hat er sich Waffen anfertigen müssen: Lanzen, Beile, Dolche, Pfeile ...

Rekonstruierte Hütte am Ledrosee

Weitere Informationen über die Jagd in der Steinzeit liefern uns die großen Mengen an Knochen, die in den Siedlungen aus jener Zeit entdeckt wurden. Sie sind der Beleg dafür, dass die Jagdzüge von Erfolg gekrönt waren. Aus diesen Fundstücken kann man aber auch ersehen, dass die zugefügten Verletzungen nicht immer tödlich waren. Oft wurde das Tier mehrmals getroffen, bevor es starb, andere Male floh es und die Wunde heilte mit der Zeit wieder. Es kam auch vor, dass das getroffene Tier fliehen konnte und dann an einem anderen Ort seinen Verletzungen erlag. Der Ausgang der Jagd war immer ungewiss. In diesem Sinne war der Kampf zwischen Mensch und Tier „fairer“, denn heute lassen Gewehre und andere Präzisionswaffen der Beute kaum eine Chance. Damals war die Jagd Abenteuer und auch Gefahr: Man ging gemeinsam auf die Pirsch, aber nicht immer kamen alle lebend zurück.

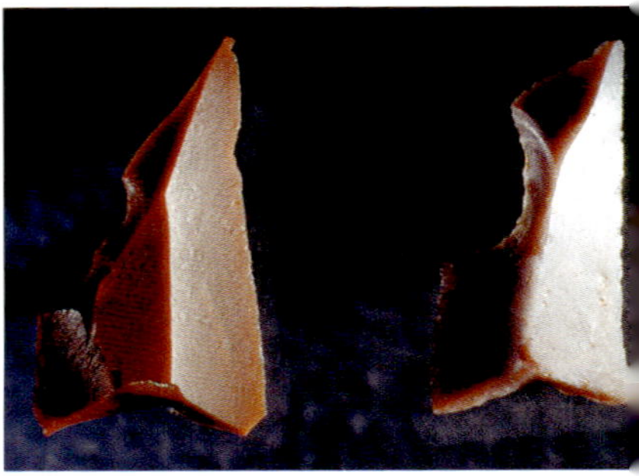

Aufstieg zur Bärenhöhle

BEI DEN HÖHLENBÄREN VON CONTURINES

Würden wir auf einen Vorfahren des heutigen Bären treffen, würden wir wohl Hals über Kopf davonlaufen. Sein Anblick war nämlich noch Furcht einflößender als der eines wild gewordenen Grizzlys: Er war größer und stärker und wog fast eine Tonne! Aber keine Angst, er war ohnehin Vegetarier. Daher können wir getrost hinaufsteigen zur eindrucksvollen Bärenhöhle, hoch über dem Gadertal auf 2.800 m.

Wo wir heute über Geröllhalden steigen, muss es früher, zur Zeit der Höhlenbären, grüne Almwiesen gegeben haben: Wegen des milderen Klimas lag die Waldgrenze im Fanes-Gebiet um 600 m höher als heute. Vor 40.000 Jahren war die Höhle bewohnt. Da die

Temperatur im Inneren konstant bleibt und nie unter 0 Grad fällt, verbrachten die Bären hier geschützt vor Schnee und Regen ihren Winterschlaf.
In der Höhle wurden zahlreiche Milchzähne von Jungbären gefunden. Wahrscheinlich entfernten sich die Muttertiere während der ersten zwei Lebensjahre ihrer Jungen niemals allzu weit, da das Futter in der allernächsten Umgebung zu finden war. Auch wurde die Höhle vermutlich von mehreren Bärengenerationen bewohnt, denn man fand Überreste von Tieren in allen Lebensaltern, vom Jungtier bis zum Greis. Außerdem wurde der Kieferknochen eines Höhlenlöwen entdeckt, der während der letzten Eiszeit in Europa und Asien relativ weit verbreitet war. Vielleicht jagte er Jungbären, vielleicht hat eine Löwin hier ihre Jungen großgezogen. Wahrscheinlich jagte auch der Neandertaler, ausgerüstet mit Lanzen, Keulen und Steinen, den Höhlenbären – ein Tier im Winterschlaf konnte leicht erlegt werden. Normalerweise ist dieser Bär harmlos, aber man sollte ihn lieber nicht reizen: Man stelle sich vor, wie er reagiert, wird er verletzt!
Warum verschwand der Höhlenbär schließlich? Leider lassen sich die Gründe dafür nicht mit absoulter Sicherheit rekonstruieren. Einige Experten vermuten jedoch einen Klimawandel als Ursache.

Apropos ...

Der Name Conturines kommt aus dem ladinischen „con turrines“, was soviel heißt wie „mit Türmen“ (in Anspielung auf das schroffe Dolomiten-Gebirge). Die Höhle selbst wurde 1987 von einem begeisterten Hobbyforscher auf der Suche nach Fossilien entdeckt. Willy Costamoling unternahm zur Feier der Geburt seines Sohnes Luca eine Hochgebirgswanderung, auf der er sogenannte Travenanzes-Puppen, Gebilde aus fossilem, verhärtetem Sand, zu finden hoffte. Costamoling stieß hingegen auf die Skelette und Gerippe von Dutzenden von Bären.

In der Höhle

VON DER CAPANNA ALPINA ZUR CONTURINES-HÖHLE 38

Der lange und beschwerliche Aufstieg zur Conturines-Höhle lohnt sich allemal! Großteils bewegt man sich auf unmarkierten Wegen, außerdem ist die Grotte mit einem massiven Metallgitter versperrt. Daher ist es unabdingbar, sich einem Führer anzuvertrauen, auch sollte man über eine gute Kondition und eine gewisse Bergerfahrung verfügen. Um uns auf die Spuren des Bären zu begeben, starten wir bei der Capanna Alpina bei St. Kassian (1.725 m) (🍴).

Der Weg Nr. 11 bringt uns in einer Stunde zum herrlichen Panoramapunkt von Col de Locia (2.059 m). Nach nur wenigen hundert Metern zweigt links ein steiler Weg ab und führt über Geröllhalden bergauf. Der gesamte Anstieg bis zur Grotte (2.800 m) nimmt in etwa 4 Stunden in Anspruch. Die Höhle ist ca. 200 m tief und steigt in ihrem Inneren etwas an. Es erwarten uns imposante Stalaktiten und Reproduktionen von Bärenknochen. Zurück geht es auf demselben Weg (Gehzeit: 3 Stunden).

TIPP

Im Naturparkhaus Fanes-Sennes-Prags ist neben originalen Knochenfunden auch das komplette Skelett eines Höhlenbären ausgestellt. Im Kellergeschoß wurde die Grotte, in der die Funde gemacht wurden, rekonstruiert.

Kurz & bündig

👁 zur Bärenhöhle

Anspruchsvolle Hochgebirgstour, nur für geübte Wanderer. Die Höhle kann nur im Sommer, jeweils am Donnerstag, mit Führer besichtigt werden. Nehmen Sie unbedingt eine Taschenlampe, Handschuhe und einen warmen Pullover mit. Tourismusverband Alta Badia, Tel. 0471 836176, www.altabadia.org

⌛ 7 Stunden, 1.100 Höhenmeter, 11 km

🚌 über das Gadertal und St. Kassian bis zur Capanna Alpina (großer Parkplatz)

✉ **Naturparkhaus Fanes-Sennes-Prags:** Catarina-Lanz-Str. 96 in St. Vigil in Enneberg, Tel. 0474 506120, www.provinz.bz.it/naturparke

🕒 Geöffnet von Mai bis Oktober und von Weihnachten bis März, Di–Sa 9.30–12.30 und 16–19 Uhr, Juli und August auch So.

🍴 **Capanna Alpina:** Hausmannskost, im Herzen der Dolomiten. Geöffnet von Mitte Juni bis Ende September, kein Ruhetag, Tel. 0471 849418.

Auf der Rittner Hochfläche

DIE MITTELSTEINZEITLICHEN JAGDINSTRUMENTE AM RITTEN

Der Ritten war ein perfektes Jagdrevier. Die hochgelegenen Almwiesen entsprachen den wichtigsten Anforderungen: wenig Bäume, nicht zu steiles Gelände und viel Wild. Hier sind zahlreiche Spuren der Steinzeitjäger entdeckt worden – Pfeilspitzen und Schaber lassen keine Zweifel darüber aufkommen, warum sie die Hänge des Rittner Horns aufsuchten. Während einer aussichtsreichen Rundwanderung begeben wir uns an diese Orte.

Über welche Waffen verfügten die Steinzeitmenschen? Harpunen, Lanzen, Schleudern, Dolche, Pfeil und Bogen – ein richtiges Arsenal, das sich über die Jahrtausende immer weiter entwickelt hat. In der frühen Altsteinzeit gingen die Menschen mit langen Lanzen auf die Jagd. Diese hatten aber den großen Nachteil, dass der Angreifer sich der Beute bis auf mindestens drei Meter nähern musste. Die Gefahren, die er dabei einging, können wir uns leicht vorstellen! Deshalb wurde der Speer entwickelt, den man auch aus 15 m Entfernung werfen kann. Diese Distanz wurde durch die Erfindung der Speerschleuder wiederum verdoppelt. Hierbei handelt es sich um eine Art Hebel, der die Schnellkraft erhöht. Der Speer fliegt so bis zu 30 m weit. Erst gegen Ende der Altsteinzeit kamen Pfeil und Bogen auf. Mit ihnen kann man aus 50 m Entfernung schießen. Diese Waffe war in der Mittelsteinzeit – aus der die meisten Funde am Ritten (vor allem jene aus Feuerstein) stammen – bereits unverzichtbar geworden.

Apropos ...

Ein erlegtes Tier zu zerlegen ist auch mit modernen Geräten eine anstrengende Arbeit. Man kann sich also vorstellen, wie mühevoll das in der Steinzeit gewesen sein muss, als die einzigen Werkzeuge kleine „Klingen" aus Feuerstein waren. Es erforderte viel Präzision und Erfahrung, diese Feuersteingeräte anzufertigen. Ein Horn oder sehr hartes Holz diente als Meißel.

Mit genauen Schlägen ließ man kleine Splitter abspringen, die scharf wie gebrochenes Glas waren. Diese „Klingen" wurden dann in einen Griff eingesetzt und wie ein Skalpell verwendet. Natürlich verbrauchten sie sich rasch, und um ein Tier zu zerlegen, benötigte man etliche. Da der Feuerstein in unserem Gebiet sehr selten war, bestand die Kunst also darin, so wenig Material wie möglich zu verschwenden.

VON DER SCHWARZSEESPITZE ZUM RITTNER HORN 28

Unsere Wanderung beginnt auf der Schwarzseespitze (2.070 m), die wir mit der Umlaufbahn erreichen. Der aussichtsreiche Weg Nr. 19 führt uns durch Latschenkiefern in wenigen Minuten zu kleinen Teichen, bei denen Feuersteinsplitter, sogenannte Silexabschläge, gefunden worden sind. Nach einer ½ Stunde angenehmen Auf und Abs gelangen wir zum Gasthof Unterhorn (2.044 m) (🍴). Auf der Kuppe südlich der Hütte, wie auch an anderen Stellen unserer Wanderung, sind weitere Spuren der Steinzeitmenschen entdeckt worden. Weiter geht es am Weg Nr. 2a bis zur Gabelung mit dem Weg 2, der zum Rittner Horn (2.260 m) (🍴) führt, wo wir nach 2½ Stunden ankommen. Hier erwartet uns eine atemberaubende Aussicht: von den Dolomiten über das Etschtal, die Paganella, die Brenta-, die Ortler- bis zur Texel-Gruppe ... Über den Weg Nr. 1 steigen wir direkt zum Gasthof Unterhorn ab, am Weg Nr. 19 gelangen wir zum Ausgangspunkt zurück (40 Min. ab Gipfel).

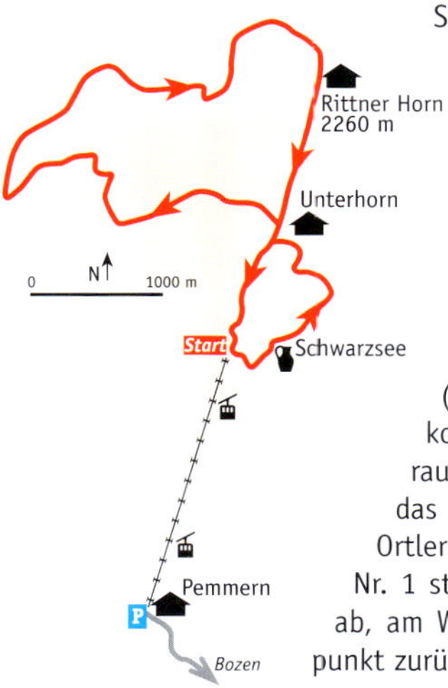

AUSFLUG ZUM WASSERHEILIGTUM AM MITTERSTIELERSEE

Wer auf der Rittner Hochfläche in die Vergangenheit reisen will, ohne sich anzustrengen, dem schlagen wir die rund einstündige Runde vom Wolfsgrubenersee (1.184 m) zum Mitterstielersee (1.234 m) vor, wo es Spuren eines Wasserheiligtums gibt. Die Uferböschung ist auf einer Seite verstärkt, im Westen ist der See von einem Wall eingefasst. Auf der Anhöhe im Süden, dem Collnoartl, wurden Opfer vollzogen. Die bisherigen Funde gehen auf die Bronze- und Eisenzeit zurück. Eine genauere Datierung ist schwierig, da noch keine systematischen Grabungen durchgeführt worden sind. Vom Parkplatz am Wolfsgrubenersee gelangt man in 25 Minuten auf den Wegen 13 und 13a zum Mitterstielersee (In der letzten Zeit sorgte die Renummerierung der Wanderwege am Ritten für etwas Verwirrung). Für den Rückweg über den Weg Nr. 12 benötigten wir weitere 25 Minuten.

Kurz & bündig

auf den Spuren der mittelsteinzeitlichen Jäger

einfache Rundwanderung am Rittner Horn

3¼ Stunden, 510 m Höhenmeter, 11,4 km

Auf der Straße Richtung Rittner Horn bis zur Talstation der Umlaufbahn (1.530 m, gut beschildert), großer Parkplatz. **Rittner-Horn-Seilbahn:** Geöffnet von Mitte Mai bis Ende Oktober täglich von 8.30–17.30 Uhr, Tel. 0471 352993.

Gasthof Unterhorn: Ideal am Kreuzungspunkt mehrerer Wanderwege gelegen; die Familie Fuchsberger bietet auch Unterkunft für die Nacht, geöffnet von Christi Himmelfahrt bis Anfang November, Tel. 0471 356371, www.unterhorn.it.

Schutzhaus Rittner Horn: 360 Grad Panorama, geöffnet von Anfang Juni bis Ende Oktober, Tel. 0471 356207.

Modell der Biwakstation

PLAN DE FREA

DIE BIWAKSTATION DER URGESCHICHTLICHEN JÄGER

Unterhalb des Grödner Jochs auf einer Wiese mit hübschen Almhütten liegt ein riesiger Felsen, der in der Mittelsteinzeit den Jägern als Biwakstation diente. Auf unserer Wanderung begeben wir uns heute auf die Suche nach diesen urzeitlichen Jagdplätzen. Wir befinden uns am Plan de Frea mit dem unverkennbaren, zehn Meter hohen Felsen.

Bei den Ausgrabungen am Plan de Frea sind zwei menschliche Milchzähne gefunden worden. Sie belegen, dass die Jäger in diesem Lager in Begleitung der ganzen Familie waren. Sie hielten sich nur im Sommer und Herbst hier oben auf. Über die Jahrtausende nutzten die Steinzeitjäger Plätze dieser Art als Ausgangspunkt für ihre Streifzüge im Hochgebirge. Hier lag demnach ihr Basislager. Zum Schutz vor Wind und Wetter stützten sie Äste und Zweige am Felsen ab und isolierten sie mit Flechten. Wie ist ein so riesiger Felsbrocken auf diese Wiese gelangt? Es genügt ein Blick in die Höhe zum Sella-Stock: Die Dolomiten bröckeln von Zeit zu Zeit ab. Deshalb ist der Fels auch nicht der einzige auf dieser Almwiese.

Apropos ...

Die Biwakstation liegt in der Nähe des Troi Paian. Dieser uralte Weg wurde von den Jägern auf dem Weg in das Grödental benutzt. Zahlreiche archäologische Funde wurden entlang seines Verlaufs gemacht. Der Weg stand lange Zeit in Verwendung und ist eine Art archäologischer Höhenweg.

VOM GRÖDNER JOCH NACH PLAN DE FREA 30

Von Wolkenstein gelangen wir mit der Dantercieppes-Umlaufbahn (1.645 m) gemütlich bis oberhalb des Grödner Jochs (2.121 m). Nur trainierte Wanderer steigen entlang der Skipiste hoch (2 Stunden am Weg Nr. 12a). Von der Bergstation (2.297 m) kann man auf zwei Wegen zur Passhöhe absteigen: über den Weg Nr. 12a und Jimmi's Hütte (ehem. Clark-Hütte) (🍴) (2.222 m) und dann am Weg Nr. 2 bzw. direkt (12a und dann 654), allerdings ohne Einkehrmöglichkeit. Vom Grödner Joch gehen wir über die grünen Almwiesen von Plan de Frea Richtung Gröden. In einer ½ Stunde gelangen wir zur einstigen Biwakstation (1.937 m) (GPS: N46°32.539 E11°47.507). Es liegt dann noch ein einstündiger Fußmarsch vor uns. Es geht immer bergab dem Wildbach folgend bis zum Weiler Plan (1.605 m), beim Hotel Casa Alpina nehmen wir beim Fußballplatz den Panoramaweg auf der Trasse der ehemaligen Grödnerbahn. In Wolkenstein halten wir uns rechts und nach einer kurzen Steigung sind wir am Ausgangspunkt.

Am Grödner Joch

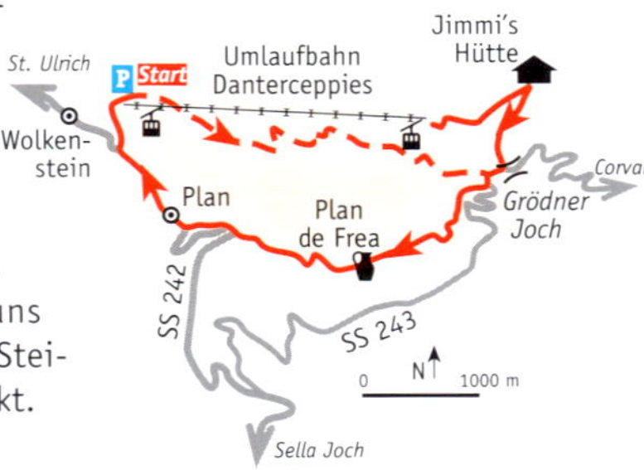

Kurz & bündig

👁 Ein riesiger Fels diente in der Mittelsteinzeit als Unterstand für die Jäger.

einfache Wanderungen immer bergab über die Hänge des Grödner Jochs mit Blick auf Sella, Lang- und Plattkofel

⌛ 2 Stunden, 730 Höhenmeter bergab (praktisch keine Steigung), 6,3 km

🚌 durch das Grödnertal bis zur Talstation der Danterceppies-Umlaufbahn in Wolkenstein

Umlaufbahn Danterceppies: Von Ende Juni bis Ende September täglich von 8.30–17.30 Uhr in Betrieb, Tel. 0471 795268.

✉ **Museum de Gherdëina:** Die Geschichte des Tals von der Vorgeschichte bis heute, Reziastraße 83 in St. Ulrich.

🕒 Geöffnet von Mitte Mai bis Ende Oktober von Mo–Fr 10–12, 14–18 Uhr, Juli und August auch Sa und So 15–19 Uhr, Tel. 0471 797554.

🍴 **Jimmi's Hütte:** Gadertaler Spezialitäten, geöffnet von Ende Juni bis Ende September, Tel. 0471 836776.

WIE DIE STEINZEITJÄGER AUF DER LÜSNER ALM LEBTEN

Nach einer erfolgreichen Jagd verloren die Steinzeitjäger keine Zeit mit dem Feiern, sondern begannen – obwohl sie noch ganz außer Atem waren und während des Jagens auch den einen oder anderen Kratzer abbekommen hatten – sofort damit, die Beute zu zerlegen. Dabei wurde nichts weggeworfen, für alles gab es einen Verwendungszweck.

Im Sommer zogen die Clans zur Jagd auf die weite Hochebene der Lüsner Alm. Eine erfolgreiche Jagdsaison war für die Steinzeitmenschen überlebenswichtig. Das getrocknete Fleisch und die Felle ermöglichten es ihnen, den langen Winter zu überstehen. Mit den Beeren und Früchten allein, die sie bei ihren Streifzügen einsammelten, hätten sie die kalte Jahreszeit wohl kaum überlebt. Es ist deshalb leicht verständlich, dass von einem erlegten Tier wirklich alles verwendet wurde. Das Fleisch eines Hirsches reichte beispielsweise, um einen ganzen Clan gleich mehrere Tage lang zu ernähren. War die Beute besonders groß, wurde das Fleisch für den Winter getrocknet. Das Fell wurde mit Steinschabern in mühevoller Kleinarbeit von Fleisch- und Fettresten befreit, gegerbt und dann weiterverarbeitet. Die Felle waren begehrte Kleidungsstücke, wurden aber auch als Decken und Zeltplanen verwendet. Zum Nähen von Kleidungsstücken wurden Sehnen verwendet. Mit einem spitzen Gegenstand aus Horn oder Bein wurde Loch für Loch vorgebohrt. Die Zähne dienten hingegen als Schmuckstücke und hatten möglicherweise auch eine symbolische Bedeutung. Besonders wertvoll

Hier wurde einst gejagt

war aber das Geweih. Wegen seiner Härte eignete es sich in verschiedenster Form als Arbeitsgerät. Gefeiert wurde erst am Abend nach getaner Arbeit. Dann saßen alle am Feuer, brieten das Fleisch und schlugen sich die Bäuche voll, denn man wusste nicht, wann man das nächste Mal wieder ein derartiges Jagdglück haben würde.

AUF DER LÜSNER ALM, JAGDREVIER DER STEINZEITJÄGER 33

Auf einer schönen Rundwanderung begeben wir uns in die Steinzeit, als die Jäger auf der Lüsner Alm dem Wild auflauerten. Vom Parkplatz in der Nähe des Herolhofes (1.660 m) geht es am Weg Nr. 3 hinauf auf die Hochebene, nach rund 50 Minuten stoßen wir auf den Weg Nr. 2 und folgen rechts dem Wegweiser „Kreuzwiese“. Wer will, kann einen Abstecher zur Rastnerhütte (🍴) (1.931 m) machen. Feuersteinabschläge, die hier in der Nähe gefunden wurden, deuten auf einen mesolithischen Rastplatz hin. Weiter geht es Richtung Osten, wo wir bald auf das Berggasthaus Starkenfeld (🍴) (1.936 m) stoßen. 1½ Stunden nach dem Start sind wir beim Astmoos, einem verlandeten See und vermutlich einst das Basislager der Steinzeitjäger. Hier nehmen wir nicht den Weg Richtung „Kreuzwiesenalm“, sondern steigen am Weg Nr. 2 Richtung Jakobstöckel hinauf. Auf der Anhöhe erreichen wir mit 2.075 m den höchsten Punkt der Wanderung und nehmen die zweite Abzweigung zur Kreuzwiese, dieser Weg ist zwar etwas länger, aber weniger steil und führt direkt zur Kreuzwiesenalm (🍴) (1.924 m) (ca. 2½ Stunden ab Start). Zurück geht es am Weg 2a an der Bacheralm (1.808 m) vorbei. Nach einem Gatter biegen wir links Richtung „Gampis – Lüsen Berg“ auf einen Pfad ab, der uns durch einen Wald und über Almwiesen wieder bis zum Weg Nr. 3 führt. In 20 Minuten geht es zum Ausgangspunkt hinab. Für den gesamten Rückweg von der Kreuzwiesenalm benötigen wir rund 1½ Stunden.

Kreuzwiesenalm

Auf der Lüsner Alm

Apropos ...

Das Fett eines erlegten Tieres wurde nicht nur gegessen, sondern auch zum Gerben der Felle verwendet, damit sie nicht steif und somit unbrauchbar wurden. Das Fett wurde außerdem in kleinen Steinlampen entzündet und sorgte in den langen Nächten in den Zelten wie eine Taschenlampe für etwas Licht.

Kurz & bündig

steinzeitliches Jagdrevier mit mehreren Fundstätten

aussichtsreiche Almenwanderung

4–4½ Stunden, 560 Höhenmeter, 14 km

in Lüsen beim Hotel Rosental links auf der Berger Straße Richtung „Lüsner Alm" bis zum Parkplatz kurz vor dem Herolhof

Rastnerhütte: Schon die Steinzeitjäger genossen hier die Aussicht. Geöffnet von Pfingsten bis Allerheiligen, Tel. 0472 546422, www.rastnerhuette.com.

Starkenfeld: Berggasthaus und Schaukäserei, von Pfingsten bis Allerheiligen geöffnet, Tel. 0472 454203, www.starkenfeld.com.

Kreuzwiesenalm: Hübsch renovierte Almhütte in sonniger Lage, von Anfang Juni bis Ende Oktober geöffnet, Tel. 0472 413714, www.kreuzwiesenalm.com.

JAGEN MIT LIST AN DEN COLBRICON-SEEN IM TRENTINO

Heute begeben wir uns auf die Spuren jener Jäger der Mittelsteinzeit, die am Colbricon-Pass im Trentino mit viel List, aber nur wenigen Waffen Wild erlegten. Die Wanderung führt uns vom Rolle-Pass zu den bezaubernden Colbricon-Seen, einem Ort voll von Geschichte und Magie.

Es ist ein heißer Sommertag. Ein Rudel Steinböcke kommt vom Süden aus dem Bonetta-Tal herauf zum Colbricon-Pass. Ein Ruf versetzt die Steinzeitjäger in Bereitschaft: Er kommt von den Spähern, die ihre Aussichtsposten bezogen haben und so das Tal überblicken können. Zu spät bemerken die Tiere, dass sie in der Falle sitzen. Die Jagd hat begonnen. Die Männer stürmen die Abhänge herunter, bewaffnet mit Lanzen, Steinen und Stöcken. In Panik versetzt, versuchen die Steinböcke zu flüchten, sie haben jedoch nur wenige Fluchtwege. Unterhalb des Passes befindet sich eine tiefe Senke. Sie eignet sich hervorragend für die Treibjagd, da alle Ausgänge leicht blockiert werden können. Auch der schmale Sattel – hier müssen die Tiere einfach vorbei, es gibt keinen

anderen Weg – ist versperrt worden. Das Warten hat sich für die Jäger gelohnt. Der sonnige Tag geht mit reicher Beute zu Ende, die Jäger werden einen Teil davon gleich in der Nacht vor dem Feuer verzehren.
Steinböcke, Gämsen, Hirsche und Rehe waren die bevorzugten Beutetiere. Und der Colbricon-Pass war ein idealer Ort für Jagdzüge. Außerdem gab es hier Wasser, was den Ort als Lagerplatz besonders geeignet machte. Die erlegten Tiere wurden vor Ort ausgeweidet und gehäutet, das Fleisch wurde haltbar gemacht. Man jagte nicht nur um der Nahrung willen, sondern auch, um sich mit Fellen, Knochen und Hörnern zu versorgen, die für Kleidung, Werkzeuge und für die Behausung vonnöten waren.
Man muss sich das Jagdlager am Colbricon sehr weitläufig und in mehrere Bereiche unterteilt vorstellen: die Spähplätze, die „Werkstätten" für die Tierverarbeitung, das Nachtlager und die Kochstelle. Dabei handelte es sich nicht um eine ständig bewohnte Siedlung, sondern um eine Sommer-Lagerstätte für Jäger, die sich bei der Verfolgung der Wildtiere in große Höhe begaben. Am Ende des Sommers ging es wieder hinunter ins Tal.
Wie sahen ihre Zelte aus? Die Unterkünfte bestanden aus Tierhäuten, Ästen, Flechten und Gestängen, oft standen sie unter großen Felsvorsprüngen. Bis in unsere Zeit haben sich nur wenige Spuren erhalten: Löcher im Erdreich, wo sich die Zeltstangen befanden, außerdem Reste von Lagerfeuern und Feuerstein.

Apropos ...

Feuerstein war unabdingbar für die Jagd, kam aber im Gebiet von Colbricon nicht vor und musste daher aus den umliegenden Tälern herbeigeschafft werden, vor allem aus dem Trentino und der Gegend von Verona. Rund um die kleinen Seen wurden große Mengen an Feuersteinabschlägen, Speerspitzen und Pfeilen gefunden. Deshalb bestehen keine Zweifel darüber, was unsere Vorfahren hier oben gemacht haben. Der Feuerstein, wie er in der Natur vorkam, musste aber mit einem knöchernen Werkzeug und gezielten Schlägen bearbeitet werden. Das machten die Jäger hier mit großem Geschick, bis er zu den Klingen, Spitzen und Schabern wurde, die sie benötigten.

Unterwegs zur Cima Cavallazza

ZU DEN COLBRICON-SEEN 45

Der Weg, der uns zu den Colbricon-Seen führt, ist eine Art Sprung zurück in die Vergangenheit. Wir folgen den Spuren der steinzeitlichen Jäger, die sich in Höhen bis über 2.000 m wagten, um auf große Tiere Jagd zu machen. Ausgangspunkt ist die Almhütte Malga Rolle (1.904 m) kurz vor dem gleichnamigen Pass. Der Weg Nr. 348 führt uns in einer ½ Stunde mal bergauf, mal bergab durch grüne Wälder zu den Colbricon-Seen, wo auch die gleichnamige Schutzhütte (1.927 m) (🍴) liegt. Nach weiteren 10 Minuten auf dem Weg Nr. 349 gelangen wir zum Colbricon-Pass (1.908 m), wo sich unsere Vorfahren auf die Pirsch legten. Wer schon hier müde ist, kann zur Malga Rolle zurückkehren, es empfiehlt sich aber der einstündige Weg auf den Berg Cima Cavallazza (2.324 m). Auf seinen Hängen sind die Spuren des Ersten Weltkrieges noch gut sichtbar. Vom Gipfel führt ein schmaler Pfad an einem verträumten Teich vorbei, bevor man – teilweise über eine Skipiste – zuerst zum Pass und dann wieder zur Malga Rolle zurückkehrt (1¼ Stunden ab Cima Cavallazza).

Kurz & bündig

auf den Spuren der Steinzeitjäger zur „natürlichen Falle“ am Colbricon-Pass

leichter Ausflug zu Beginn, dann anspruchsvoller, aber aussichtsreich

3 Stunden, 500 Höhenmeter, 6 km

Über das Fleimstal und Bellamonte bis zum Rolle-Pass (großer Parkplatz bei der Malga Rolle)

Museo Tridentino di scienze naturali: Museum mit Fundstücken von den Colbricon-Seen.
Via Calepina 14 in Trient,
Tel. 0461 270311, www.mtsn.tn.it.
Geöffnet: Di–So, 10–18 Uhr

Rifugio Laghi di Colbricon: Geöffnet vom 20. Juni bis 20. September, Tel. 348 7952430.

Modell von Castelfeder

WIE UNSERE VORFAHREN WOHNTEN

Im Laufe der Jahrtausende wurden die Häuser unserer Vorfahren immer wohnlicher. In der Steinzeit lebten sie in einfachen Hütten, in der Römerzeit gab es schon richtige Häuser mit allem Komfort wie Fußbodenheizung und luxuriösen Bädern. Auch innerhalb der vier Wände gab es im Laufe der Zeit bemerkenswerte Veränderungen, die mit den jeweiligen Erfindungen Hand in Hand gingen.
In der **Altsteinzeit** lebten die Menschen als Nomaden, die sich ständig auf gefährlichen Jagdzügen befanden. Für sie war es nicht so wichtig, ein Dach über dem Kopf zu haben, wichtiger war es, Nahrung zu finden. Sie hausten in Unterständen an großen Felsen oder in einfachen Hütten, die aus Stämmen, Zweigen, Tierfellen und Schilfmatten gefertigt waren. Das Feuer stellte im Paläolithikum den großen Fortschritt dar. Es diente zum Wärmen, Beleuchten und zum Braten des Fleisches. Die Unterkünfte der **Mittelsteinzeit** unterschieden sich nicht wesentlich von jenen der Altsteinzeit. In der **Jungsteinzeit** entwickelte sich langsam die Landwirtschaft, auch wenn das Sammeln von Früchten und Beeren und das Jagen noch lebensnotwendig waren. Der Mensch wurde zusehends sesshaft. Für die Felder und das Weideland wurden große, weite Flächen benötigt. In Südtirol fiel die Wahl der Siedler auf das Mittelgebirge

Pfahlbau am Ledrosee

und die Hochebenen, die leicht zu verteidigen waren. Die Hütten bestanden aus einem einzigen Raum, die Wände, bestehend aus geflochtenen Zweigen, wurden mit Lehm verputzt.
Mit dem Aufkommen des Metalls in der **Kupferzeit** wurde die Gesellschaft vielfältiger und mit ihr auch die Art ihrer Unterkünfte. Diese waren in den Tallagen, auf Hügeln sowie Terrassen auf halber Höhe anzutreffen. In der **Bronzezeit** kamen die Pfahlbauten auf, wie beispielsweise am Ledrosee und in Fiavé, sowie befestigte Siedlungen wie jene in Sotćiastel. In der **Eisenzeit** entstanden kleine Siedlungen mit einer neuen Gebäudeart, dem rätischen Haus (siehe S. 126), das unseren Almhütten sehr ähnlich sieht. Aus strategischen Gründen wurden Hügelkuppen bevorzugt, da sie leicht zu verteidigen waren und die Kontrolle über die Umgebung erlaubten.
Die Bautechnik in der **Römerzeit** unterschied sich wesentlich von jener der vorangegangenen Epochen. Die große Neuerung stellte die Verwendung von Kalk dar, der mit Sand vermischt die Errichtung von tragfähigen Mauern ermöglichte. Waren die Häuser zuvor klein und niedrig, so wurden sie unter den Römern geräumiger und besaßen mehrere Stockwerke. In Südtirol gab es nur wenige Villen, vielmehr funktionelle Landhäuser, die dem kühlen Klima angepasst wurden. Im Alpenraum verzichtete man auf offene, nicht überdachte Wohnflächen, wie das bekannte Atrium. Die architektonischen Leistungen der Römer erstaunen noch heute.

Blick in das Meraner Becken

ST. HIPPOLYT

SIEDLUNGS- UND KULTPLATZ MIT AUSSICHT

Bereits in der Jungsteinzeit, ab etwa 4.000 v. Chr., bestand auf dem Hügel von St. Hippolyt eine Siedlung. Er ist nicht nur einer der geschichtsreichsten Orte in Südtirol, sondern lockt auch mit einer wunderbaren Aussicht über das Etschtal mit seiner Vielzahl an Ortschaften, Schlössern und Burgen. Von Völlan führt eine liebliche Rundwanderung hier vorbei.

Die Steinzeitmenschen konnten von dieser Kuppe Tiere, aber auch Feinde rechtzeitig erspähen. Vermutlich fühlten sie sich hier auch ihren Göttern etwas näher. Auf der Anhöhe befinden sich mehrere schöne Schalensteine und Felsrutschbahnen. Aus der späten Eisenzeit stammt hingegen ein Brandopferplatz, der unterhalb des Steilabfalls im Süden entdeckt wurde. Für an Archäologie interessierte Wanderer ist St. Hippolyt sicherlich ein ganz besonderes Erlebnis.

Die erste feste Siedlung legten Bauern in der späten Jungsteinzeit im 4. Jahrtausend v. Chr. an. Seither dürfte der Hügel mit kleinen Unterbrechungen kontinuierlich besiedelt worden sein, so auch in der Kupfer-, Bronze- und Eisenzeit. Vertiefungen im Boden, die noch heute auf der Anhöhe ausfindig zu machen sind, stammen wohl von unterkellerten rätischen Häusern aus der späten Eisenzeit.

In der Spätantike bzw. im Frühmittelalter wurde hier eine befestigte Fluchtsiedlung errichtet. Wer von Norden auf die Kuppe steigt, kann noch Reste einer Mauer aus Steinen und Mörtel erkennen.
Es ist kein Zufall, dass auf dieser Anhöhe ein Kirchlein errichtet wurde. Wie so oft, wollte man auf diese Weise eine urgeschichtliche, heidnische Kultstätte christianisieren. Das erstmals 1286 urkundlich erwähnte Kirchlein hat sicher einen noch älteren Vorgängerbau gehabt. Es ist dem Soldatenheiligen Hippolytus geweiht, was wiederum auf die kriegerische Vergangenheit dieses Ortes verweist. Wegen der zahlreichen Blitzeinschläge wird St. Hippolyt im Volksmund auch „zum bösen Segen" genannt. Neben dem Kirchlein steht das Mesnerhaus. Die ersten archäologischen Funde tätigte übrigens der Meraner Kurarzt, Botaniker und Gelehrte Franz Tappeiner bei Ausgrabungen im Jahr 1891.

Apropos ...

Auf diesem Hügel am Weg über den Gampenpass stand vermutlich das langobardische *Kastell Tesana*, von dem sich der Ortsname Tisens ableiten dürfte. Wie Paulus Diaconus in der *Historia Langobardorum* berichtet, fanden hier 590 n. Chr. harte Kämpfe zwischen Langobarden und Franken statt. Er schreibt auch vom *Castrum Maletum*, das in Mölten gestanden sein dürfte.

St. Hippolyt

VON VÖLLAN NACH ST. HIPPOLYT 10

Von Völlan (696 m) gelangen wir auf dem stimmungsvollen Weg Nr. 10 in 40 Minuten zum Gasthaus Völlaner Badl (832 m) (🍴).

Wie auch in anderen Heilbädern des 19. Jh. üblich, gibt es eine Hauskapelle, die noch heute Teil des Gasthauses ist. Am Bach geht es zuerst am Weg Nr. 8a hinab, später nehmen wir die Wege Nr. 7 und 5. Nach 1½ Stunden sind wir auf dem Hügel von St. Hippolyt (759 m). Auf der Kuppe kann man sich bei der Suche nach Schalensteinen vergnügen (vor allem nördlich des Kirchleins). Auf dem gleichen Weg geht es hinunter bis zur Wegkreuzung. Wer einkehren möchte, der kann von hier in 15 Minuten zum Götzfried-Keller (610 m) (🍴) Richtung Etschtal absteigen. Der Hof geht auf das Jahr 1470, der Wachturm sogar auf das Jahr 1313 zurück. Zur Wegkreuzung unterhalb von St. Hippolyt zurückgekehrt, gehen wir auf den Wegen 7 und 8 in 30 Minuten vorbei an der schattigen Obertalmühle (🍴) und der „Römerbrücke" zurück nach Völlan.

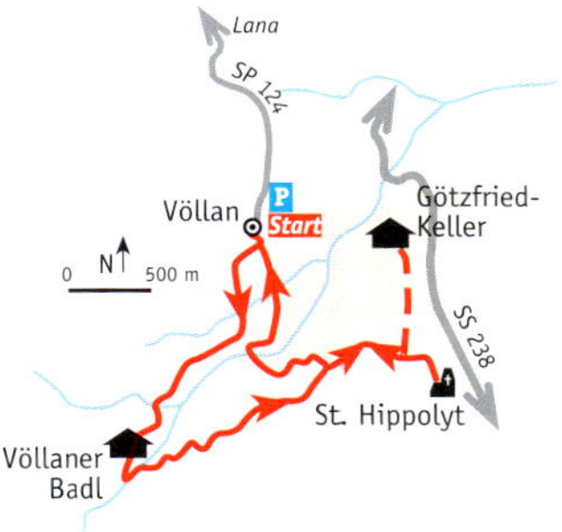

Kurz & bündig

👁 faszinierender Siedlungs- und Kultplatz der Steinzeit mit herrlicher Aussicht

angenehme Rundwanderung durch Wälder und Obstwiesen oberhalb des Etschtales

⌛ rund 3 Stunden, 430 Höhenmeter, 9 km

🚌 von Lana bis nach Völlan, Parkplatz im Ortszentrum

✉ **Bauernmuseum Völlan** (im Ortszentrum): Eine Reise in das von Armut gekennzeichnete Leben der Bauern vergangener Zeiten. Tel. 0473 568078

🕒 Geöffnet von Ostern bis Allerheiligen, Di–Fr 14–17 Uhr und So 15–17 Uhr.

🍴 **Gasthaus Völlaner Badl:** Traditionsbad und beliebtes Restaurant, Fr Ruhetag, Tel. 0473 568059

Götzfried-Keller: Antiker Hof, Schweinsrippchen und hausgemachte Säfte probieren, von Mitte März bis Mitte Juni und von Ende August bis Mitte November geöffnet, Di Ruhetag, Tel. 0473 562772, www.goetzfried.it.

Johanniskofel mit Schlern

JOHANNISKOFEL

SAGENUMWOBENER ADLERHORST

Unsere Vorfahren wussten sehr genau, warum sie sich den Johanniskofel (658 m) als Siedlungsplatz ausgesucht hatten. Dieser Felssporn ist schwer zugänglich, vor allem für unerwünschte Gäste. Ein schöner Urweg führt von der tosenden Talfer auf diesen mächtigen Porphyrpfeiler, der bereits in der Jungsteinzeit, vor rund 6.500 Jahren, bewohnt war.

Verschiedene Sagen und Legenden ranken sich um diese einzigartige Felsformation vor den Toren Bozens. So soll hier einst ein gewaltiger Greif gehaust haben. Drei habgierige Ritter hatten es auf den großen Goldklumpen abgesehen, der sich im Magen des Raubvogels befand. Als sie auf den Felssporn stiegen, schleuderte sie der Greif kurzerhand in die tiefe Talferschlucht. Auch soll sich hier einst die Stammburg der Herren von Wangen befunden haben. Das einfache Kirchlein St. Johann, das seit fünf Jahrhunderten die Kuppe ziert, ist – so heißt es – mit den Mauerresten dieser Burg errichtet worden.
Auf drei Seiten fallen die Felswände mehr als 200 Meter tief ab. Der einzige, schmale Zugang von der Ostseite ist leicht zu kontrollieren. Noch heute ist Trittsicherheit erforderlich, um auf den Johanniskofel zu gelangen. Die Bauern der Jungsteinzeit errichteten ihre Gehöfte oft auf ausgesetzten Kuppen, um sicher vor feindlichen Angriffen zu sein. Wegen seiner hervorragenden strategischen Position war der Johanniskofel von der Jungsteinzeit über die Bronzezeit bis zum Mittelalter immer wieder als Siedlungsort gewählt worden.

VON DER SARNER SCHLUCHT AUF DEN JOHANNISKOFEL 24

Bei unserem Ausgangspunkt (460 m) zwischen dem 13. und 14. Tunnel gibt es leider nur sehr beschränkte Parkmöglichkeiten. Wir überqueren die tosende Talfer auf einer Hängebrücke. Nach rund 20 Minuten sind wir beim Steinmannhof (🍴) (630 m; im Buschenschank gibt es den Schlüssel für das Kirchlein) und in wenigen Minuten am Johanniskofel (658 m). Die Kapelle ist Johannes dem Täufer geweiht. Zurück geht es auf demselben Weg. Nur Wanderfreudige steigen weiter bis Wangen, um dann über den Maggnerhof (704 m; eisenzeitlicher Siedlungsplatz mit herrlichem Blick auf den Johanniskofel) auf einem unmarkierten und etwas steilen Weg in die Sarner Schlucht zurückzukehren (Gesamtgehzeit: rund 3 Stunden). Empfehlenswert ist auch die Wanderung von Oberbozen in die Sarner Schlucht (rund 3 Stunden, für Rückfahrt Auto organisieren oder Linienbus.)

Apropos ...

Der Archäologe Otto Eisenstecken wurde sogar bei einer Klettertour durch die schwindelerregende Südwand des Johanniskofels fündig: Er hielt plötzlich ein Feuersteinbruchstück in der Hand. Zu den schönsten Fundstücken des Johanniskofels zählen Pfeilspitzen aus Stein, die im Südtiroler Archäologiemuseum in Bozen bewundert werden können.

Kurz & bündig

Jahrtausende alter Siedlungsplatz auf einem aussichtsreichen Felssporn vor den Toren Bozens

Nachmittagstour für trittsichere Wanderer

50 Minuten, 150 Höhenmeter, 3 km

von Bozen ins Sarntal bis nach dem 13. Tunnel

Steinmannhof: Familie Winkler tischt Südtiroler Spezialitäten auf, im Frühjahr und Herbst geöffnet, Tel. 0471 602042.

DIE ZYKLOPENBURG AM JOBENBICHL IM MONTIGGLER WALD

Im Montiggler Wald ragen die Reste eines Fürstensitzes der späten Eisenzeit aus der üppigen Vegetation hervor. Es handelt sich um die eindrucksvollste Festungsanlage in der Umgebung von Eppan, inmitten einer Gegend, die die Faszination längst vergangener Zeiten bewahrt hat. Auf der Anhöhe des Waldhügels, dem Jobenbichl (618 m), der südwestlich des Großen Montiggler Sees liegt, kann man die Spuren von Trockenmauern sowie einen etwa 30 Meter langen Korridorzugang ausmachen.

Dieser Zugang, dessen Mauern bis zu zwei Meter hoch sind, kann noch heute beschritten werden und war einst der einzige Weg in die Ringwallanlage hinein. Das Gebäude diente mit Sicherheit auch Verteidigungszwecken: Hier konnte man sich verbarrikadieren, und die ganze Anlage war dann uneinnehmbar. Der drei Meter breite Gang ist zwar nicht mehr zur Gänze erhalten, dennoch sind die großen Porphyrquader gut zu erkennen. Früher muss der Eingang wohl noch eindrucksvoller und von einer Holzstruktur überdacht gewesen sein. Schon allein die Ausmaße des Korridors geben eine Vorstellung davon, wie wichtig diese Festung in der zweiten Hälfte des ersten Jahrtausends v. Chr. gewesen sein muss.
Die Zyklopenburg erhebt sich an einer das Überetsch überragenden Stelle. Von diesem Hügel aus überblickt man das ganze Tal, und es liegt nahe, dass die Bewohner hier das Gelände gerodet hatten, um einen guten Ausblick zu haben und um gesehen zu werden. Fast sicher handelte es sich hier um eine Burg, erbaut von Personen hohen Ranges. Ähnliche monumentale Festungen waren über ganz Zentraleuropa verstreut und typisch für die Eisenzeit, so etwa auch die Heuneburg an der oberen Donau in Deutschland.

Mauerreste der Zyklopenburg

Überetsch vom Jobenbichl gesehen

Beim Begehen der archäologischen Stätte fällt auf, dass die Mauern an die ovale Form des Hügels angepasst waren. Lange Zeit hielt man diesen Ort für eine Kultstätte. Die besondere Lage lud zur Annahme ein, dass hier Riten stattfanden, die mit der Astronomie zusammenhängen, etwa das Feiern von Sonnenwende sowie Tag- und Nachtgleiche. Heute schließen die Fachleute diese Hypothesen aus und sind sich sicher, dass es sich um einen ehemaligen Fürstensitz handelt; zu groß sind die Ähnlichkeiten mit anderen Wehranlagen aus dem italisch-mediterranen Einflussbereich.
Leider wurde die gesamte Anlage während des Ersten Weltkrieges immer wieder beschädigt. Heute ist es wegen der nur spärlichen Funde sehr schwer, eine präzise Datierung vorzunehmen. Es wurden bisher nur einige Tonscherben und ein Türgriff aus der Eisenzeit gefunden.

Apropos ...

Im ganzen Montiggl-Gebiet gibt es Geschichten und Legenden, die ins Magische gehen. So erzählt man von kleinen Zwergen, die auf dem Jobenbichl lebten. Der Hügel ist deshalb auch als Nörgeleschloss bekannt.

ZUM JOBENBICHL IM MONTIGGLER WALD 13

Vom Parkplatz (547 m) oberhalb des großen Sees führt eine asphaltierte Straße hinab ins Dorf Montiggl, auf der wir immer geradeaus weitergehen. Am Wald angelangt (490 m), geht es auf der Forststraße „Rai" und dann auf der Schotterstraße Langmoos bergauf. Nach ca. 45 Minuten Wegzeit treffen wir zu unserer Linken auf einen kleinen steinernen Bildstock. Unmittelbar danach nehmen wir rechts einen Weg, der etwa 300 m weit bergauf führt. Die Festungsanlage ist nicht ganz leicht zu finden. Bevor wir zu einem kleinen Sattel kommen, verlassen wir den Weg nach links. Zwischen den Bäumen tauchen dann große Steinquader auf: Der Eingang zur Festung (GPS N46°24.842 E11°16.877)! Für den Hinweg benötigt man etwas weniger als eine Stunde, den Rückweg schafft man in 45 Minuten. Wir kehren auf demselben Weg zurück, den wir gekommen sind. Im Tal wenden wir uns nach rechts und gelangen über ein Biotop zum See. Nun noch wenige Minuten bergauf und wir sind wieder beim Auto.

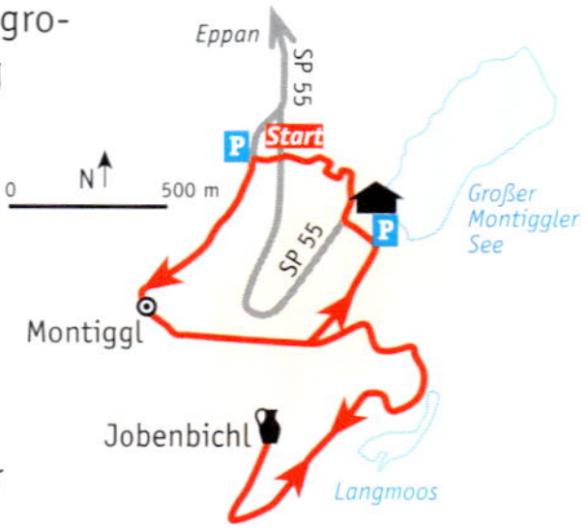

DER WILDE-MANN-BÜHEL

In Montiggl gibt es einen weiteren Ort voller Magie: den Wilden-Mann-Bühel (645 m), eine Anhöhe von Steinen und Trockenmauern, ca. eine ½ Stunde nördlich des Kleinen Sees (Weg Nr. 1). Hier handelt es sich um eine Kultstätte aus der Bronze- und Eisenzeit. Im 19. Jh. zog sich ein gewisser Peter Weth hier in die Einsamkeit zurück, nachdem er einige Jahre in Nordamerika bei den Indianern verbracht hatte. Auf einem der Steine ist noch zu lesen „P.W. geb. 1824". Der Name Wilder-Mann-Bühel geht auf eine Legende zurück, nach der vor Urzeiten hier ein Riese lebte, der viel Unheil anrichtete und die Bewohner der Gegend vor Angst erzittern ließ.

Kurz & bündig

Reste einer eindrucksvollen prähistorischen Festungsanlage im Montiggler Wald

Wanderung besonders im Frühling und Herbst zu empfehlen.

1¾ Stunden, 170 Höhenmeter, 4 km

in Eppan Richtung Großer Montiggler See, gebührenpflichtiger Parkplatz (beim Kreisverkehr)

Lido Montiggl: Restaurant-Pizzeria direkt am See, geöffnet von März bis Mitte Oktober, Tel. 0471 664155.

Castelfeder heute

CASTELFEDER
EIN HÜGEL REICH AN GESCHICHTE UND LEGENDEN

Räter, Römer, Ostgoten, Langobarden und mittelalterliche Adelsgeschlechter sind nur einige der Bewohner des sonnenverwöhnten Hügels Castelfeder (405 m) zwischen Neumarkt und Auer. Die Reste von alten Befestigungsanlagen sind hier noch gut zu sehen. Bei einer Rundwanderung genießen wir einen herrlichen Ausblick auf das Etschtal.

Für die Dichter der Romantik war Castelfeder das Arkadien Tirols. Dieser schöne Hügel mit seiner mediterran wirkenden Vegetation und den Ruinen vergangener Zeiten hat sie zum Vergleich mit Griechenland verleitet. Das Knäuel der Geschichte Castelfeders zu entwirren ist nicht einfach. Der Name stammt vermutlich vom mittellateinischen *Castrum Vetus*, das alte Schloss. Hier stand einst der alte Sitz der Grafen von Enn. Eine andere Theorie bezieht sich hingegen auf *federa*, ein ladinisches Wort für Schafsweide.
Die Geschichte dieses Ortes ist vielfältig. Castelfeder lag seit jeher an wichtigen Verkehrsrouten, wie der römischen Straße und der Etsch, und war lange Zeit bewohnt. Es handelte sich um eine strategisch wichtige Anhöhe, auf die man sich in schwierigen Zeiten zurückziehen konnte. Es darf deshalb nicht verwundern, dass die noch heute sichtbaren Spuren aus sehr unterschiedlichen Epochen stammen. Die ersten Zeugnisse einer Siedlung gehen auf die

Mittelsteinzeit zurück. Über die Jahrtausende war diese relativ kleine Fläche bewohnt. Bis zum Mittelalter verlief die *Via Claudia Augusta* in der Nähe, wie zwei Meilensteine bezeugen, die hier gefunden wurden. Es wird aber auch vermutet, dass sie vom Etschtal hierher gebracht worden waren. Der erste Meilenstein wurde südlich des Hügels entdeckt, der zweite in der Kapelle zur hl. Barbara. Vom mittelsteinzeitlichen Lager ist wenig übrig geblieben. Ein richtiges Städtchen mit mehr als 160 Häusern lag hingegen am Fuße des Hügels in der Zone, die *Großer Gral* genannt wird. Es handelt sich um eine weitläufige Wiese nordwestlich des Ferienheims, die auf der Südseite von einer Mauer eingefasst ist, die heute etwas versteckt im Wald liegt. Die Mulden der Häuser sind noch gut sichtbar. Die genaue zeitliche Bestimmung dieser Siedlung ist schwierig. Nur systematische Grabungen könnten eine Antwort auf die Frage geben, ob in diesen Häusern Räter oder Römer lebten. Erwiesen ist hingegen, dass die Römer ein *Castrum*, eine Festung, oberhalb der Straßenstation von *Endidae*, dem heutigen Neumarkt, errichtet hatten. Nach dem Fall des weströmischen Reiches im Jahr 476 ließ das byzantinische Reich Castelfeder um die Mitte des 6. Jh. als Bastion gegen die Germanen befestigen. Hier konnten Hunderte Personen mit ihrem Vieh und ihrem Hab und Gut Zuflucht finden.
Der Besuch der Anhöhe von Castelfeder ist eine faszinierende Reise in die Vergangenheit. Zu sehen sind noch die Reste der alten Barbarakapelle. Sie war lange Zeit eine wichtige Pilgerstätte für die Bewohner der Umgebung, bevor sie Joseph II. um 1785 zusperren ließ. Ganz in der Nähe stoßen wir auf eine merkwürdige Felswanne. Die Interpretationen reichen weit auseinander: Vielleicht diente sie für Kulthandlungen, vielleicht war sie aber auch ein Grab. Andere behaupten wiederum, dass es sich um ein schlichtes Wassersammelbecken handelt.

Castelfeder gestern

Die *Kuchelen*

Ein kurzes Stück Richtung Tal befinden sich die bekannten *Kuchelen* mit ihren drei „Fenstern", die den Blick auf die Etsch freigeben und das Wahrzeichen von Castelfeder sind. Sie sind das, was von der Ringmauer aus dem 6. Jh. n. Chr. übrig geblieben ist. Ihre Bögen sollen der Stadtmauer von Konstantinopel ähneln. In der Nähe der Kuchelen gibt es eine antike Kultstätte, die Fruchtbarkeitsrutsche. Auf diesem glatten Felsen sollen die heidnischen Frauen gerutscht sein, aber nicht nur sie, und auf reichen Nachwuchs gehofft haben. Um diesen Ort zu christianisieren, wurde ein Kreuz eingeritzt, das noch heute zu sehen ist.

Apropos ...

Die Spuren dunkler Vorzeit haben schon immer die Fantasie der Menschen angeregt. Es gibt in Südtirol wenige Orte, die so reich an Legenden sind wie Castelfeder. Hier erzählt man von verborgenen und verwunschenen Goldschätzen, Goldkegeln und geheimen Gängen. Geister, Zauberer und Feuerkugeln machen diese Geschichten noch schauriger.

VON NEUMARKT NACH CASTELFEDER 19

In Castelfeder spürt man den Frühling, wenn anderswo noch Schnee und Kälte regieren. Wir schlagen eine etwas lange, aber sehr aussichtsreiche und angenehme Wanderung vor, die von Neumarkt (218 m) zum Hügel von Castelfeder (405 m) führt. Wir starten vom Schulplatz im Ortszentrum. Die Wege 2 und 8 führen uns leicht ansteigend Richtung Mazon. Während fast der gesamten Wanderung genießen wir einen herrlichen Ausblick auf Castelfeder. Die Steigung führt weiter zum Kuckuckshof (467 m) (🍴), wo wir nach rund einer Stunde ankommen. Dem Wegweiser „Wasserfall“ folgend kommen wir durch die schöne Klamm des Trudner Baches. Wer will, geht auf der Asphaltstraße ein kurzes Stück hoch und kehrt beim Wasserfallhof (560 m) (🍴) ein. Weiter geht es bergab entlang des Weges Nr. 5, der uns nach Pinzon (470 m; 2 Stunden ab Start) führt. Wir gehen Richtung Norden, Castelfeder ist mittlerweile direkt vor uns. In 40 Minuten ab Pinzon stehen wir auf der Anhöhe inmitten der eindrucksvollen Ruinen. Auf der Römerstraße geht es wieder hinunter und dann weiter Richtung „Vill“. Wir gehen dabei auch ein Stück auf der Trasse der ehemaligen Fleimstalerbahn und weiter durch Weingärten. Im Tal kehren wir über die Bozner Straße zum Ausgangspunkt zurück (1 Stunde ab Castelfeder).

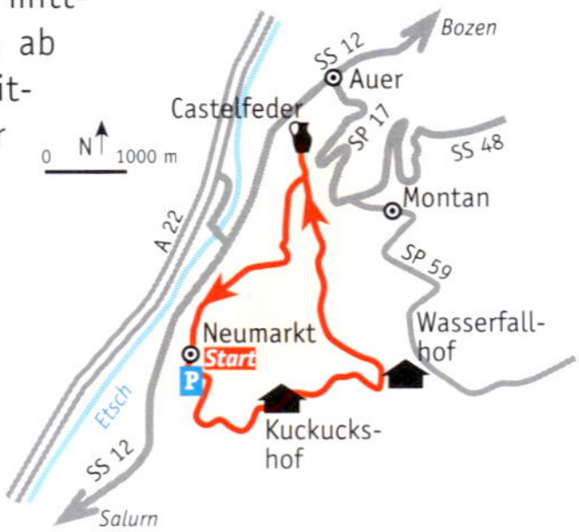

Kurz & bündig

👁 geschichtsreicher Hügel mit Resten aus verschiedenen Epochen

angenehme Rundwanderung für den Frühling und Herbst

⌛ 3¾ Stunden, 370 Höhenmeter, 13 km

🚌 Am Schulplatz von Neumarkt parken.

🍴 **Kuckuckshof:** Buschenschank mit guter lokaler Küche in Mazon, geöffnet von Februar bis Mitte Juni und von Mitte August bis Ende November, Tel. 339 1864391.

Wasserfallhof: Franco und seine Strauben sind in der ganzen Gegend bekannt! Geschlossen im Januar und Juli, Ruhetage Mo und Di (im Winter wochentags nur nach Voranmeldung), Tel. 0471 819625.

DIE BEFESTIGTE BRONZEZEIT-SIEDLUNG SOTĆIASTEL

Schafe, Ziegen und Rinder weiden in weitläufigen Gehegen. Im sonnendurchfluteten Dorf Sotćiastel (1.400 m), auf einem Felssporn im Gadertal gelegen, herrscht geschäftiges Treiben. Neben denjenigen, die Viehzucht betreiben, sind auch die anderen Bewohner emsig bei der Arbeit.

Da ist jemand, der über einen Ofen gebeugt ist und mit großer Fertigkeit Bronze verarbeitet. Andere bestellen gebückt ihre Felder. Das Dorf ist in allem autonom: Nahrung gibt es genug, dank dem Ackerbau und der Viehzucht, alles andere wird im Haus erzeugt. Auch das Weben und die Töpferkunst sind bereits bekannt. Es wurden viele Funde gemacht, die von der Geschichte der kleinen Siedlung nördlich von St. Leonhard erzählen.

Solcher Reichtum musste allerdings verteidigt werden: Auf einer der vier Seiten des Dorfes verließ man sich lieber auf von Menschenhand Erschaffenes, auf den anderen drei Seiten stellte die Natur selbst einen Verteidigungswall dar. Die Ortschaft wurde eigens und sorgfältig auf einer flachen Stelle eines Hügels, der steil zum Gaderbach hin abfällt, errichtet. Die Siedlung war nur von einer Seite zugänglich; diese war durch eine 70 Meter lange Steinmauer und durch einen Pfahlzaun geschützt – so haben es die Archäologen rekonstruiert.

Die Wahl des Siedlungsplatzes war also nicht zufällig: Er gewährte nicht nur Schutz, sondern ermöglichte auch die Kontrolle über das Tal mit seinem Handel, der sich entlang des Weges entfaltete. Zwischen 1.600 und 1.400 v. Chr. erfährt Sotćiastel seine Blüte-

Sotćiastel aus luftiger Höhe

zeit. Zwar war es ein kleines Dorf mit Hütten, seine Bewohner waren aber keineswegs isoliert oder einsam. Die Funde belegen wirtschaftliche Kontakte und kulturellen Austausch mit den angrenzenden Gebieten. Über das Schicksal Sotćiastels jedoch ist nicht viel bekannt: Der Ort wurde von seinen Bewohnern plötzlich verlassen, wir wissen bis heute nicht warum.

Apropos ...

Sotćiastel ist die einzige bekannte befestigte Siedlung der Bronzezeit im gesamten Dolomitenraum. Wo mögen wohl andere Orte dieser Art und ihre Schätze noch im Verborgenen liegen ...

VOM SCHUTZHAUS HEILIG KREUZ NACH SOTĆIASTEL 37

Mit dem Sessellift von St. Leonhard (1.365 m) bei Pedratsches im Abteital hinauf zum Schutzhaus Heilig Kreuz (2.045 m) (🍴). Wir befinden uns hier wie auf einem „Panoramabalkon“ mit hervorragendem Blick auf berühmte Dolomitengipfel: Marmolada, Piz Boé, Sassongher, Gardenaccia, Peitlerkofel und den beeindruckenden Heiligkreuzkofel. Dem Weg Nr. 15, später 15a, über die traumhaften Almwiesen von Armentara folgen. Danach dem Wegweiser nach Abtei folgen (letzter Abschnitt auf Asphaltstraße). Nach rund 2 Stunden erreichen wir Ćiastel (1.524 m), von wo man etwas unterhalb einen Hügel mit einem Bauernhof sehen kann: Das ist Sotćiastel (1.400 m). Um zur Stätte der ehemaligen Siedlung zu gelangen (Privatbesitz!), gehen wir auf der Straße noch ein Stück weit hinab und halten uns bei der Kreuzung rechts. Nach nicht einmal 1 km sind wir in Sotćiastel. Auch wenn praktisch nichts mehr von der antiken Siedlung übrig ist, so versteht man vor Ort erst richtig die strategische Lage von Sotćiastel. Wir kehren dann zur Kreuzung und in ca. einer ½ Stunde zu unserem Ausgangspunkt zurück.

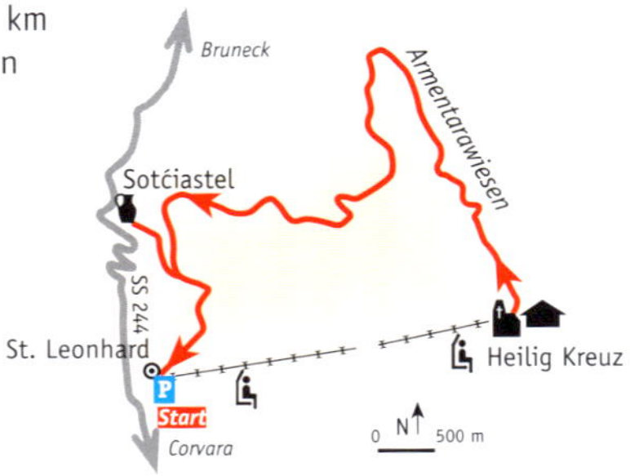

Ćiastel de Tor

SÜDTIROLER ARCHÄOLOGIEMUSEUM IN BOZEN

Im Südtiroler Archäologiemuseum ist eine Abteilung Sotćiastel gewidmet. Hier sehen wir Trinkgefäße und andere Fundstücke aus dem Bronzezeit-Dorf.

MUSEUM LADIN – ĆIASTEL DE TOR

In St. Martin in Thurn lässt sich im Museum *Ćiastel de Tor* das Dorf Sotćiastel „begehen". In einem Raum des Museums befindet sich unter dem Glasfußboden ein großes Modell des Dorfes. Zu sehen sind auch diverse Fundstücke aus Sotćiastel, u.a. Webgewichte, Tongefäße und knöcherne Werkzeuge.

Kurz & bündig

Besuch einer herrlichen Gegend der Dolomiten auf dem Hügel von Sotćiastel, Ort einer befestigten Siedlung der Bronzezeit

Ausflug immer bergab und mit herrlichem Dolomiten-Panorama

3 Stunden, 120 Höhenmeter bergauf, 790 m bergab, 10 km

entlang des Abteitales bis St. Leonhard bei Pedratsches, großer Parkplatz bei der Talstation des **Sessellifts Heilig Kreuz:** Betriebszeiten von Juli bis September, täglich von 8.30–12.30 und 14–18 Uhr, Tel. 0471 839645, www.santa-croce.it

Museum Ladin – Ćiastel de Tor: in St. Martin in Thurn, Tel. 0474 524020, www.museumladin.it

Geöffnet vom Palmsonntag bis zum 31. Oktober, Di–Sa 10–18 Uhr, So 14–18, im August auch montags, vom 26. Dezember bis Palmsonntag Mi–Fr 14–18 Uhr.

Schutzhaus Heilig Kreuz: Historische Raststätte mit sehr guter Küche, traumhaft gelegen. Geöffnet vom 20. Dezember bis 30. März und vom 10. Juni bis 10. Oktober, kein Ruhetag, Tel. 0471 839632.

KLEIN-VENEDIG DER BRONZEZEIT

DIE PFAHLBAUTEN AM LEDROSEE IM TRENTINO

Vor rund 4.000 Jahren lebte eine kleine Gemeinschaft in einer Pfahlbausiedlung am Ledrosee, unweit des Gardasees. In vorgeschichtlicher Zeit waren Stelzenbauten in weiten Teilen Europas verbreitet. Sie standen meist direkt am Wasser und dienten zum Schutz vor wilden Tieren und Feinden. Erst viel später besannen sich die Gründungsväter von Venedig dieser Technik und errichteten die heute weltberühmte Lagunenstadt. Im Museo delle Palafitte von Ledro kehren wir in die ferne Bronzezeit zurück.

Die Siedlung am Ledrosee wurde 1929 durch einen Zufall entdeckt: Der Wasserspiegel des Sees wurde im Rahmen der Bauarbeiten für ein Elektrizitätswerk abgesenkt, und am Ostufer kamen zahllose in den Boden gerammte Holzpfähle zum Vorschein. Rasch wurde die Theorie verworfen, dass es sich um einen antiken Staudamm handelte. Man war auf eine der bedeutendsten Pfahlbausiedlungen des Alpenraums gestoßen! Bei systematischen Untersuchungen wurden insgesamt mehr als 10.000 Pfähle gezählt und große Mengen an Ton- und Bronzegegenständen gefunden. Im Gegensatz zu Grabstätten und Opferplätzen waren sie nicht bewusst dort deponiert, sondern schlicht weggeworfen worden oder verloren gegangen. Die Objekte geben deshalb einen besonders interessanten Einblick in das Alltagsleben um 2.000 v. Chr.

Wie können wir uns das Leben in der bronzezeitlichen Siedlung vorstellen? Die Menschen am Ledrosee ernährten sich in erster Linie von Tieren, Früchten, Beeren und Getreide, das grob gemahlen und auf heißen Steinplatten zu Brot gebacken wurde. Wahrscheinlich aßen die Bewohner auch Fisch, den es im Ledrosee schon immer

Spuren der Pfahlbauten

Einbaum im Museum

reichlich gab. Ein Einbaum, der heute im Museum bewundert werden kann, belegt, dass sich die Menschen auf den See wagten. Wer einmal mit so einem urzeitlichen Wassergefährt eine Probefahrt unternehmen möchte, kann dies beim Freilichtmuseum in einem nachgebauten Einbaum machen. Das ist aber nur eine der vielen Attraktionen des *Museo delle Palafitte*. Besonders eindrucksvoll sind die nachgebauten Pfahlbauten mit ihren spitzen Strohdächern. Sie dienten, wie anschaulich dargestellt wird, zum Wohnen, als Lagerräume, aber auch als Werkstatt mit Webstühlen mit vielen kleinen Tongewichten.

Die Menschen vom Ledrosee dürften aber auch durchaus eitel gewesen sein: Die Archäologen haben neben verschiedenen hübschen Anhängern und Schnallen auch einen reich verzierten Dolch und vier schöne Bronzekronen gefunden, die vermutlich einem gehobenen Gesellschaftsrang vorbehalten waren. Bronze war damals sehr wertvoll und wurde deshalb nur für besonders wichtige Gegenstände und natürlich für Schmuck verwendet. Beliebt war auch Bernstein, wie der Fund von Halsketten und anderen Ziergegenständen belegt.

RUND UM DEN LEDROSEE 42

Das Gebiet zwischen Garda- und Ledrosee mit dem bekannten Monte Tremalzo ist ein wahres Mountainbike-Paradies. Wir wollen es aber ruhiger angehen und machen einen besinnlichen Spaziergang um den See. Dieser liegt auf 655 m Seehöhe, ist 2,8 Kilometer lang, 770 Meter breit und bis zu 48 Meter tief. Er liegt eingebettet in der abgeschiedenen Berglandschaft der Alpi di Ledro. Wir starten direkt beim Museum und folgen dem Uhrzeigersinn. Die gesamte Runde verläuft auf Neben- und Forststraßen bzw. Fußwegen. Es geht zuerst durch eine Feriensiedlung und dann durch den Wald am See entlang. Am nordwestlichen Zipfel des Sees liegt Pieve di Ledro, auf halber Strecke am Nordufer hingegen – wie der Name schon sagt – Mezzolago. Beim Hotel Mezzolago (🍴) überqueren wir die Staatsstraße und gehen bis zur Kirche, wo die Seerunde weitergeht. Nach wenigen Hundert Metern sind wir wieder direkt am Wasser, nach knapp 2 Stunden beim Museum.

Rekonstruierte Hütte am Ledrosee

Apropos ...

Weitere interessante Überreste einer Pfahlbausiedlung sind in Fiavé, zwischen dem Ledrosee und Trient, entdeckt worden. Sie können rund einen Kilometer vom Ort entfernt im Biotop Torbiera di Fiavé besichtigt werden.

Kurz & bündig

modernes und abwechslungsreiches Freilichtmuseum mit rekonstruierten Pfahlbauten

stimmungsvolle Seerunde

2 Stunden, kein nennenswerter Höhenunterschied, 10 km

Auf der A22 bis Rovereto Sud, dann auf der SS240 über Riva del Garda bis zum Ledrosee. Kurz vor dem See links abbiegen zum Freilichtmuseum.

Museo delle palafitte: via al Lago 1, Molina di Ledro, Tel. 0464 508182, www.palafitteledro.it

Geöffnet vom 1. März bis 30. Juni sowie 1. September bis 30. November von 9–13 und 14–17 Uhr, Mo geschlossen. Vom 1. Juli bis 31. August von 10–18 Uhr geöffnet, Dezember, Januar und Februar geschlossen.

Hotel Mezzolago: Verschiedene Gerichte mit Fisch direkt aus dem See, geöffnet von Mitte März bis Anfang November, Di Ruhetag (von Sep. bis Nov. Mi Ruhetag), Tel. 0464 508181, www.hotelmezzolago.it.

Ristorante Rustichel: Risotto in 150 Variationen, Do Ruhetag. Vicolo Pepe, Bezzecca (1 km von Pieve di Ledro), Tel. 0464 591621, www.risotteriarustichel.it.

Modell der Siedlung in Pfatten

DIE VORFAHREN DER UNTERLANDLER

DIE SIEDLUNGSGESCHICHTE

Seit Urzeiten haben sich die Menschen im fruchtbaren und klimatisch begünstigten Unterland niedergelassen. Die Etsch war für sie Freund und Feind zugleich: auf der einen Seite eine wichtige Verkehrsverbindung, auf der anderen eine große Gefahr wegen der Hochwasser. Eine Radtour führt uns in die verschiedenen Epochen der Siedlungsgeschichte des Etschtales südlich von Bozen.

In Leifers legten die Räter in der mittleren Eisenzeit (7. Jh. v. Chr.) ein kleines Dorf an. Zwischen den verstreut stehenden Häusern befanden sich bebaute Felder. Neben Getreide und Gemüse wuchsen hier vor allem Weinreben. Die Geheimnisse des Weinbaus hatten die Räter von den Etruskern gelernt. Wie noch heute üblich, wurden Weingärten mit Trockenmauern und kleinen Terrassen angelegt. Bei der Errichtung einer Wohnanlage im Galizien-Viertel wurden Anfang der 1990er Jahre die Reste von mehr als 20 Häusern freigelegt.

In Neumarkt befand sich während der römischen Kaiserzeit die bedeutende Straßenstation *Endidae*. Die italienische Ortsbezeichnung Egna dürfte sich davon ableiten. In dieser *Mansio*, einem großen, zweistöckigen Gebäude aus dem 1. bis 3. Jh. n. Chr., machten einst Soldaten, Händler und Reisende Rast, die auf der *Via Claudia Augusta* unterwegs waren. Die Dachziegel weisen den Fabrikstempel *Avresis* auf, wie so oft entlang der Etsch zwischen

Rovereto und Bozen. Die Mauerreste wurden vor einigen Jahren bei Bauarbeiten entdeckt, in das neue Wohnhaus integriert und öffentlich zugänglich gemacht.

Ein Ziegelplattengrab

In Pfatten lag an der Stelle, wo sich heute das Gelände der Fachschule für Obst-, Wein- und Gartenbau Laimburg befindet, ab der jüngeren Bronzezeit bis in das 12. Jh. n. Chr. hinein ein blühender Handelsknotenpunkt. Die Etsch war bis hier schiffbar und an dieser Stelle außerdem leicht passierbar. In der Eisenzeit wurde die Siedlung wiederholte Male überschwemmt und wieder aufgebaut. Ganz in der Nähe wurden weit mehr als 200 Gräber aus der Eisen- und Römerzeit mit reichen Beigaben gefunden. Es handelt sich dabei vor allem um Brandbestattungen, erst die Römer führten die Ziegelplattengräber ein. Die Tonplatten wurden zeltförmig über dem Toten aufgebaut.

Römische Glasfläschchen aus Neumarkt

Apropos ...

Im 3. Jh. n. Chr. dürfte die Erde im Etschtal heftig gebebt haben. Die Straßenstation *Endidae* wurde damals schwer beschädigt, vermutlich sogar zerstört. Erdbebenforscher haben durch die Untersuchung der Mauerreste wichtige Aufschlüsse über die seismologische Beschaffenheit dieses Gebiets gewonnen. Starke Erdbeben sind in Südtirol glücklicherweise sehr selten.

RADTOUR IN DIE SIEDLUNGSGESCHICHTE DES UNTERLANDS 21

Unsere 40-Kilometer-Tour beginnt am Bahnhof Leifers. Wer in Bozen losradelt, muss rund 60 Kilometer bewältigen. Wir fahren Richtung Leifers, beim Kreisverkehr biegen wir links in die Andreas-Hofer-Straße ab. Direkt vor dem Friedhof nehmen wir den Fußweg, der uns zu einem Spielplatz in einer Wohnanlage führt, wo sich unser erstes Etappenziel befindet (2 km ab Start). Leider ist nicht viel zu sehen, der Gedanke, dass hier seit Jahrtausenden Menschen leben, ist aber dennoch faszinierend. Es geht zurück Richtung Bahnhof und weiter bis zum linken Etschdamm. Jetzt geht es immer dem Fluss folgend bis nach Neumarkt, wo wir nach dem Freibad links auf die Bahnhofstraße abbiegen und dem Wegweiser „römische Straßenstation" folgen. Weiter geht es über den Cesare-Battisti- und den Kapuziner-Ring. Auf der Boznersstraße fahren wir ein Stück nach Norden und biegen links nach Strass Richtung „Endidae" ab, wo wir auch gleich zu unserem zweiten Etappenziel gelangen (21 km ab Start). Es geht zurück zur Etsch und wieder nach Norden. Bei Auer biegen wir links Richtung Tramin ab. Sobald wir die Etsch überquert haben, geht es rechts zwischen Bergfuß und Brennerautobahn nach Norden Richtung Pfatten. Der Schauraum „Archäologisches Pfatten" in der Fachschule Laimburg (31 km ab Start) ist nur werktags nach Vereinbarung zu besichtigen. Über Pfatten und den Etschradweg kehren wir zum Ausgangspunkt zurück. Beim Fahrsicherheitszentrum Safety Park überqueren wir die Etsch, halten uns dann rechts und gleich wieder links.

Kurz & bündig

Leifers, Neumarkt und Pfatten, drei geschichtsreiche Orte

einfache, wenn auch etwas lange Radtour

3–3½ Stunden, kein nennenswerter Höhenunterschied, 41 km

mit dem Zug oder Auto bis zum Bahnhof Leifers südlich von Bozen

Die **Ausgrabungsstätten** im Galizien-Viertel in Leifers und in Strass in Neumarkt sind frei zugänglich. Der **Schauraum** in der Fachschule Laimburg in Pfatten kann nur werktags nach telefonischer Vereinbarung (Tel. 0471 599100) besichtigt werden.

Zur Brücke: Radlertreff bei der Pfattener Etschbrücke, Mo Ruhetag, Tel. 0471 951677

Café Central: Eisdiele für eine süße Rast, Hauptplatz in Neumarkt, Mi Ruhetag, Tel. 0471 820025

LANDHAUS AUS DER RÖMERZEIT IN VILLANDERS

Plunacker: Antiquarium mit Aussicht

Seit fast 8.000 Jahren leben Menschen auf der Villanderer Hochebene. Die ersten Spuren gehen auf das 6. Jahrtausend v. Chr. zurück. In der Römerzeit stand hier ein herrschaftliches Landhaus. Zu den Tätigkeiten, die hier ausgeübt wurden, zählten neben der Landwirtschaft auch das Handwerk und die Eisenverarbeitung. Der Besitzer hat sich hier ein seinem Status entsprechendes Wohnhaus errichten lassen.

Der archäologische Schatz am Plunacker wurde 1979 zufällig bei Aushubarbeiten für die neue Abwasserleitung entdeckt. Die herbeigerufenen Archäologen erkannten sofort die Bedeutung dieses Fundplatzes. Es folgten systematische Grabungen, auf deren Grundlage die Siedlungsgeschichte des Eisacktales teilweise umgeschrieben werden musste. Die ersten Spuren gehen auf die Frühphase der Jungsteinzeit zurück (ca. 5.600 v. Chr.). Der Bogen spannt sich praktisch über alle Epochen und reicht bis in das Mittelalter. Besonders interessant sind die Reste des römischen Landhauses, das zu Beginn des 3. Jh. n. Chr. errichtet worden ist. Es war quadratisch (15 mal 15 Meter), hatte fünf Räume, von denen einer besonders groß war. Erstaunlich ist der Aufwand, mit dem das herrschaftliche Gebäude am Plunacker errichtet wurde. Es hatte Türschwellen aus

rotem Trentiner Marmor. Durch das Eisacktal verlief damals bereits eine gut ausgebaute Straße, auf die Hochebene führte jedoch nur ein einfacher Weg. Die großen Marmorblöcke hier herauf zu bringen, war sicherlich kein einfaches Unterfangen.
Der Name Plunacker stammt vom lateinischen *planum* (= eben). Hier drehte sich schon immer alles um die Landwirtschaft, wie zahlreiche Funde belegen: Weintraubenkerne, Getreidekörner, Bohnen und Holunderbeeren. Entdeckt wurden die bisher ältesten Pflanzenprodukte Südtirols aus der Jungsteinzeit. In einem Wirtschaftsgebäude aus der Römerzeit wurden hingegen die Reste eines rund 2 mal 1 Meter großen Korbes gefunden, in dem neben Weintrauben verschiedene Getreidesorten gelagert wurden. Auch die Geräte erzählen vom Leben der Bauern. Ein großer Vierzack wurde zum Lockern der Erde verwendet. Neben einem schweren Eisenhammer stießen die Archäologen auch auf die Reste von Getreidemühlen. Das römische Landhaus wurde bei einem Brand zerstört. Im Frühmittelalter wurde auf dessen Resten ein neues, bescheideneres Haus errichtet.

ANTIQUARIUM PLUNACKER

Um diese bedeutende Ausgrabungsstätte im Ortszentrum von Villanders öffentlich zugänglich zu machen, haben die Architekten das Freilichtmuseum mit viel Glas gelungen in das neue Schulgebäude integriert und der modernen Museumsdidaktik entsprechend gestaltet.

Apropos ...

Am Plunacker in Villanders ist das bisher älteste Haus Südtirols entdeckt worden. Es geht auf die frühe Jungsteinzeit zurück. Anhand der Pfostenlöcher im Boden konnte die Hütte rekonstruiert werden. Ein Modell ist im Südtiroler Archäologiemuseum in Bozen zu sehen.

VON VILLANDERS NACH DREIKIRCHEN 29

Dreikirchen

Dreikirchen ist ein Juwel des Eisacktals! Wir besuchen diesen geschichtsreichen und bezaubernden Ort während einer angenehmen Wanderung. Vom Villanderer Rathaus (880 m) gehen wir am Weg Nr. 4 dem Wegweiser „Dreikirchen/Barbian“ folgend bis Schloss Pardell, um dann auf den Wegen Nr. 10 und 11 weiter hoch zu steigen. Auf der anderen Talseite sehen wir bereits die drei kleinen Kirchtürme, unser Wanderziel. Nachdem wir eine Brücke überquert haben, kommen wir in einem schönen Wald zum höchsten Punkt unserer Runde (1.260 m). Nun geht es eine ¼ Stunde hinab nach Dreikirchen (1.123 m), wo wir in 1¾ Stunden ab Villanders ankommen. Die Schlüssel zu den drei Kirchen, die wegen der Altäre und Fresken auf jeden Fall einen Besuch wert sind, gibt es im nahen Messnerhof (🍴). Der Weg Nr. 4 bringt uns über Wiesen und am Winterlehof vorbei mit wenig Steigung in rund einer Stunde zum Ausgangspunkt zurück.

Kurz & bündig

modernes Freilichtmuseum mit herrlichem Blick auf das Eisacktal

einfache Rundwanderung für Frühling und Herbst

2¾ Stunden, 390 Höhenmeter, 8,2 km

In Villanders, oberhalb von Klausen, beim Rathaus parken.

Antiquarium Plunacker: im Ortszentrum von Villanders, Informationen beim Tourismusverein, Tel. 0472 843121, www.villanders.info

Das Freilichtmuseum kann nur mit Führung nach telefonischer Vereinbarung besichtigt werden. Tel. 0472 843121

Messnerhof: Sonnenverwöhnter Gasthof bei Dreikirchen mit Eisacktaler Spezialitäten, geöffnet von Ostern bis November, Tel. 0471 650059 (Bergtaxi Tel. 0471 650004), www.messnerhof-dreikirchen.it.

Die Fennhalser Schmelzöfen

HANDWERK UND WAFFEN

STUMME ZEUGEN DER VERGANGENHEIT

Wenn wir etwas über das Mittelalter erfahren wollen, können wir die Liedertexte von Oswald von Wolkenstein oder Walther von der Vogelweide studieren. Über die Römer berichten in ihren Schriften ausführlich Dichter, Gelehrte jener Zeit und – wie im Fall von Gaius Julius Cäsar – sogar der Kaiser höchstpersönlich. In Bezug auf die Vorgeschichte jedoch, in der es noch keine Schrift gab, muss die Wissenschaft auf andere Quellen zurückgreifen, um etwas über das damalige Leben herauszufinden. Neben den Resten von Bauwerken erzählen uns vor allem Waffen und Alltagsgegenstände von unseren Vorfahren.
Die ältesten Geräte und Waffen der Menschheit sind natürlich aus Stein. Sicherlich wurden in der Steinzeit auch andere Materialien wie beispielsweise Holz verwendet, sie sind aber bald verrottet. Im Laufe der Zeit eignete sich der Mensch ein immer größeres Geschick bei der Herstellung der Steinwerkzeuge an, wie die verschiedenen Funde belegen. Die Revolution kam mit dem Auftreten des Metalls. Zuerst wurde das recht weiche Kupfer verarbeitet, durch die Beigabe von Zinn entstand die wesentlich härtere Bronze. Es entwickelten

sich zwei neue, wichtige Berufsgruppen: jene der Schmelzer, die das Metall aus dem Stein holten, und jene der Schmiede, die es in nützliche Gegenstände verwandelten. Mit der Eisenproduktion wurde in den Alpen im 8. Jh. v. Chr. begonnen.

Das handwerkliche Können war damals bereits hoch entwickelt, wie auch die Keramiken aus dieser Zeit belegen. Seit der Jungsteinzeit wurde Ton geformt und dann im Freien in Erdgruben gebrannt. Im norditalienischen Raum bildete sich die Kultur mit dem kuriosen Namen *Vasi a Bocca Quadrata* (kurz VBQ) heraus, die von den Wissenschaftlern nach ihren Gefäßen mit rechteckigem Mundsaum benannt wurde. Auch in der Eisenzeit gab es lokal begrenzte Kulturen, die von den Archäologen unter anderem anhand der Gefäßform und -dekorierung unterschieden werden. Ein passendes Beispiel ist die Fritzens-Sanzeno- bzw. rätische Kultur. In der späten Eisenzeit setzte sich in den Alpen ein neuer Werkstoff durch: das Glas. Anfangs wurde es von den Frauen in Form bunter Perlen und Armreifen als Schmuck getragen. Die Römer brachten bekanntlich große Neuerungen in unser Gebiet und gaben, auch was die Gegenstände des alltäglichen Gebrauchs wie das Geschirr betraf, den Trend vor. Die lokalen Handwerker übernahmen neue Techniken und Moden, passten diese aber dem örtlichen Geschmack und Bedarf an.

Ofen im Museum Zeitreise Mensch

DIE KUPFERSCHMELZÖFEN VON FENNHALS

Die Schmelzöfen von Fennhals bei Kurtatsch belegen, wie wichtig in der Bronzezeit (2.200–1.000 v. Chr.) die Metallverarbeitung geworden war. Das Erz wurde von weit her angeliefert und die Rohkupferbarren zur Weiterverarbeitung ins Etschtal gebracht. Wir sind heute auf dieser antiken Transportroute unterwegs.

Das Kupfererz wurde mühevoll mit Tragetieren aus dem Nonstal über die Berge zu den Schmelzöfen gebracht. Der Sattelsteig wurde vermutlich damals schon benutzt. In Fennhals gab es reichlich Wasser und Buchenholz, das, in Holzkohle verwandelt, in großen Mengen für den Schmelzvorgang benötigt wurde. Die Öfen von Fennhals sind erstaunlich gut erhalten und für die Wissenschaft deshalb von besonderer Bedeutung. Normalerweise wurden die Öfen nach der Benutzung zerstört, um die wertvollen Geheimnisse der Kupferproduktion vor unerwünschten Nachahmern zu schützen. In Fennhals wurden die Schmelzer aber vermutlich von einem heftigen Unwetter überrascht. Die gesamte Anlage wurde von einer Mure verschüttet und blieb Jahrtausende lang verborgen.
Das Kupfer hat das Leben unserer Vorfahren revolutioniert. In Mesopotamien war es schon im 6. Jahrtausend v. Chr. bekannt. In den Alpen wurde es hingegen erst später verarbeitet. Da Kupfer recht weich ist, wurde es ursprünglich für Schmuck und Gefäße verwendet. Um 2.000 v. Chr. begann die Bronzeherstellung: Durch die Legierung von Kupfer mit Zinn entstand dieses wesentlich härtere Metall, das sich auch für Werkzeuge und Waffen eignete. Übrigens: Der Name Bronze leitet sich von *Brundisium*, dem lateinischen Namen der süditalienischen Stadt Brindisi ab, wo das Metall in großen Mengen produziert und verkauft wurde.

Drei Fennhalser Öfen wurden in das Südtiroler Archäologiemuseum gebracht. Ein vierter Block, der der Gemeinde Kurtatsch zustand, ist hingegen im Museum Zeitreise Mensch zu sehen. Das kleine, liebevoll im Ansitz am Orth im Dorfzentrum eingerichtete Museum erzählt die 10.000-jährige Geschichte dieses Gebietes. Der Bogen spannt sich von der Steinzeit über die Römerzeit bis zur jüngsten Vergangenheit.

VON PENON NACH FENNHALS 17

Fennhalser Mammutbaum

Vom Dorfplatz von Penon (605 m) oberhalb von Kurtatsch führt der Weg Nr. 7 Richtung „Fennhals" zuerst ein kurzes Stück über eine Asphalt- und dann über eine Forststraße. Ein an einigen Stellen leicht ausgesetzter Steig bringt uns hinauf zu einem herrlichen Aussichtspunkt über dem Etschtal, den wir nach rund einer Stunde erreichen. Wir haben den Großteil der Steigung hinter uns, nun geht es etwas ebener durch einen Buchen- und Kiefernwald. In 15 Minuten gelangen wir zur Straße in Fennhals (1.031 m). Wir sind nun in der Nähe der Stelle, wo die Schmelzöfen entdeckt wurden. Wir raten vom Besuch der Fundstelle ab, denn es gibt überhaupt nichts zu sehen. Wo einst die Öfen standen, befindet sich heute eine eingezäunte Trinkwasserfassung und vor allem viel Gebüsch. (Wer trotzdem hin will: Am Weg Nr. 7 durch die Kirschenplantage, rund 15 Minuten bergauf an einer ersten Quellfassung vorbei, bei einem Wendeplatz der Forststraße links abbiegen. Nach 100 Metern ist man am Ziel auf 1.100 m Seehöhe. GPS N46°17.715 E11°10.779) Zu empfehlen ist hingegen ein Abstecher zu den Mammutbäumen, die man in 10 Minuten von Fennhals links entlang der Straße in einer Kurve erreicht. Für eine Einkehr müssen wir nur wenige Meter weitergehen und kommen zum Boarnwald (🍴) (1.054 m). Zurück bei der Abzweigung des Weges Nr. 7 laufen wir noch ein kurzes Stück auf der Straße nach Norden und nehmen dann den Römerweg (Nr. 2). Beim Bildstock biegen wir rechts auf den Weg Nr. 2 ab, der uns hinab nach Penon führt (gesamter Abstieg: 1 Stunde).

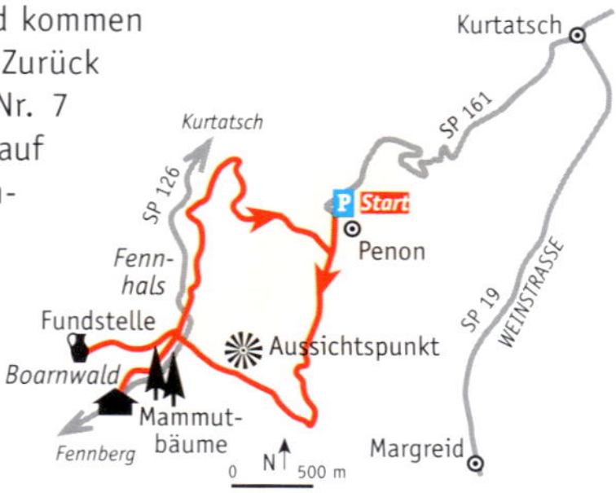

Hoch über Kurtatsch

Apropos ...

Am Kirchhügel von Kurtatsch könnte zur Römerzeit ein Tempel, zumindest aber eine Villa mit Hausheiligtum gestanden sein. Darauf weist ein Merkur-Torso hin, der 1860 bei Umbauarbeiten des Pfarrhofes gefunden wurde. Arme und Beine dieser 86 cm großen, weißen Marmorstatue dürften während der Christianisierung mutwillig abgeschlagen worden sein. Das Original befindet sich im Museum des Castello del Buonconsiglio in Trient, eine Kopie ist im Südtiroler Archäologiemuseum in Bozen zu sehen.

Kurz & bündig

👁 nach Fennhals – in diesem Wald wurden die Kupferschmelzöfen gefunden

Frühlings- und Herbstwanderung in den Wäldern oberhalb von Kurtatsch

⌛ 3 Stunden, 450 Höhenmeter, 6 km

🚌 von Kurtatsch an der Weinstraße weiter bergauf bis nach Penon

✉ **Museum Zeitreise Mensch:** Ansitz am Orth, Botengasse 2 in Kurtatsch, Tel. 0471 880267, www.museumzeitreisemensch.it

🕒 Geöffnet von Ostern bis Allerheiligen, Fr 10 Uhr Besichtigung mit Führung, ganzjährig nach Voranmeldung.

🍴 **Boarnwald:** Spezialitäten Forelle und Schweinshaxe. Geöffnet vom 1. Mai bis 30. September, Mo Ruhetag. Oktober bis November nur am Wochenende geöffnet.
Tel. 0471 880585

„JAGD" NACH DEM KUPFER AM REDEBUS-PASS IM TRENTINO

In Acqua Fredda (1.453 m) am Redebus-Pass gibt es eine prähistorische Schmelze zu entdecken. Hier im Trentino, zwischen der Hochebene von Piné und dem Fersental, wurde in alten Zeiten Kupfer in fast schon industriellem Ausmaß produziert. Auf unserem Ausflug zur Stramaiolo-Alm sind wir auch ein Stück auf dem Mesotrekking-Pfad unterwegs.

Acqua Fredda („Kaltes Wasser") hat seinen Namen von einer Quelle, die in der Nähe des Redebus-Passes liegt. Hier finden wir neun fast vollständig erhaltene Schmelzöfen vor, die in der späten Bronzezeit zur Produktion von Kupfer verwendet wurden. In der Nähe der Öfen fand man u. a. eine perfekt erhaltene Mühle (um die Minerale für die Kupfergewinnung zu zerkleinern), Reste von Blasebälgen (um die Öfen zu befeuern) und eine verzierte Bronzenadel, die ein Kunsthandwerker vielleicht verloren hat.
Warum sollte man eine Schmelze auf so großer Höhe errichten? Hier gab es genug Holz, das zur Kohlegewinnung herangezogen werden konnte. In der Tat liefern die Wälder am Redebus-Pass einen fast unerschöpflichen Vorrat, und auch das notwendige Wasser gibt es hier. Zudem verfügt das nahe gelegene Fersental über mineralische Reichtümer.
Die „Jagd" nach dem Kupfer – Unsere Vorfahren wussten bereits, wie man Kupfer im Gestein ausfindig macht. Sie kannten offenbar schon einige Tricks: Die Farbe der Felsen und die Pflanzen, die an solchen Stellen vermehrt wuchsen, waren gute Hinweise, um solch einen Fundort „aufzuspüren". Hatte man erst eine Ader gefunden, wurden einfache Stollen gegraben, auch verwendete man Feuer, um Felsen zum Bersten zu bringen. Mit Pickeln und Hämmern wurden die Adern bearbeitet. Das Material, das aus dem Stollen gebracht

„Schmelzer" von Acqua Fredda

wurde, wurde dann sorgfältig selektiert. Die kupferreichen Stücke wurden mit Mühlen und Hämmern zerkleinert.

Das Mineral wird zu Metall – Doch bevor man Kupfermetall erhielt, gab es noch einiges zu tun. Wie beim Goldwaschen wurde auch das Kupfererz im Wasser ausgesiebt. Da es schwerer als das restliche Gestein war, sank es schnell ab, während der Rest abfloss. Dann wurde das Erz über offenem Feuer „geröstet", damit der Schwefel freigesetzt wurde. Erst jetzt war das Erz bereit für den Schmelzofen. Dank der Holzkohle wurden sehr hohe Temperaturen – 1.200 Grad! – erreicht, so konnte das Kupfer vom Stein getrennt werden. Durch die „industrielle" Produktion entstanden natürlich Abfälle, die Schlacke. Diese bildete eine bis zu zwei Meter hohe und rund 2.200 Quadratmeter große Schicht, die etwas unterhalb der Schmelzöfen entdeckt wurde.

Spannender Anschauungsunterricht

Apropos ...

Eine Legende erzählt vom Ursprung des Namens des Redebus-Passes. In ferner Zeit soll es eine große Schlacht zwischen zwei Königen gegeben haben, die sich dieses Gebiet streitig machten. Einer der Könige wurde tödlich verletzt und stürzte in eine Schlucht. Seit jener Zeit hieß die Stelle „Der König im Loch" („re dentro il buco"), daraus wurde Redebus.

Kurz & bündig

Besuch des Freilichtmuseums Acqua Fredda am Redebus-Pass

leichte Wanderung zur Stramaiolo Alm

2¼ Stunden, 290 Höhenmeter, 8 km

Vom Valsugana-Tal nach Baselga di Piné, nach dem Piazze-See nach rechts Richtung Redebus-Pass. Das Freilichtmuseum befindet sich nach der letzten Kehre auf der rechten Seite.

Freilichtmuseum Acqua Fredda: ganzjährig geöffnet

Malga Stramaiolo: Typische Trentiner Küche, Anfang Juni bis Ende September geöffnet. Hüttenwirt Pietro Conci, Tel. 328 0518498

Auf dem Weg zur Stramaiolo-Alm

DIE FERSENTALER, DIE „DEUTSCHEN" TRENTINER

Unterhalb des Redebus-Passes, im nahe gelegenen Fersental (ital. *valle dei Mocheni* oder *valle del Fersina*, für die Einheimischen *Bersntol*), gibt es eine deutsche Sprachinsel mittelalterlichen Ursprungs: die Fersentaler. Dieses Territorium wurde damals von Tirol aus besiedelt.

ZUR STRAMAIOLO-ALM 44

Vom Freilichtmuseum aus wandern wir zum nahen Redebus-Pass (1.453 m), wo eine Forststraße nach Norden abzweigt. Diese nehmen wir dem Wegweiser „Malga Stramaiolo" Nr. 443b folgend. Stetig bergauf durchwandern wir Wälder und erreichen eine Alm mit dem Namen Malga Pontara (1.629 m). Hier eröffnet sich ein weites Panorama, das bis zu den Brenta-Dolomiten reicht. Nach einem recht ebenen Abschnitt unserer Wanderung gelangen wir nach 1¼ Stunden zur Malga Stramaiolo (1.678 m) (🍴) auf der anderen Seite des Tales. Für den Rückweg nehmen wir den Pfad 443-E5, er führt bergab durch ein enges Tal namens „Valle dell'Inferno" (Höllental). Wir kommen auf eine Forststraße, überqueren den Bach und verlassen den Weg 443. Weiter geht es bis zu einer asphaltierten Forststraße, der wir bergab folgen. Bei der Redebus-Passstraße angelangt, wandern wir zwei Kehren hinauf, und in einer Stunde ab der Alm sind wir wieder beim Freilichtmuseum. Der letzte Abschnitt unseres Ausflugs folgt übrigens dem Mesotrekking-Pfad, ein Themenweg auf den Spuren der Steinzeitjäger, der insgesamt 50 km lang ist und Trient mit dem Lago di Buse verbindet.

DER BRONZEZEITLICHE DOLCH AUS MARTELL

Der Zufall führt in der Archäologie gerne Regie. Oft sind es Laien, die bei Feld- oder Waldarbeiten auf besonders bedeutende Zeugnisse vergangener Zeiten stoßen. Dies war auch der Fall beim bronzezeitlichen Dolch aus dem Martelltal, das schon in der Steinzeit ein beliebtes Jagdrevier war. Bei einer aussichtsreichen Rundwanderung streifen auch wir wie die prähistorischen Jäger durch Lärchenwälder und über Almwiesen.

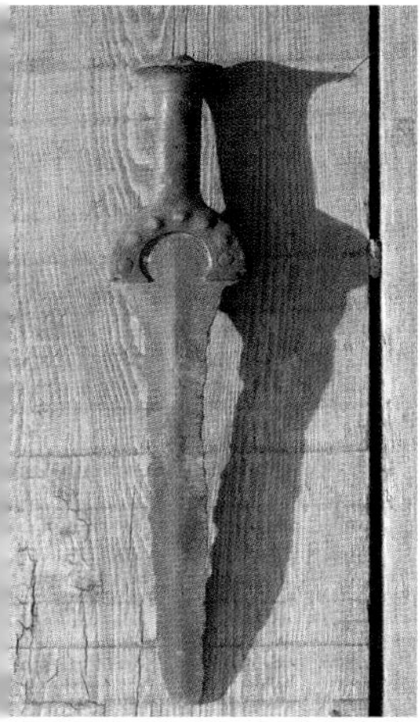

Am 26. April 2007, die Schneeschmelze hatte wegen der milden Temperaturen besonders früh eingesetzt, begab sich Adolf Meister aus Schlanders zur Wasserfassung seiner Blockhütte in Altkaser. An der Waldgrenze, am Fuße eines steil emporragenden Berghanges, entdeckte er in der Nähe eines zum Entsanden des Wassers dienenden Stahlbehälters ein grünlich schimmerndes Objekt im Boden stecken. Es handelte sich um einen rund 28 cm langen Bronzedolch! Laut Untersuchungen des Südtiroler Landesamtes für Bodendenkmäler stammt der Dolch aus der frühen Bronzezeit, d. h. er ist rund 3.700 Jahre alt.

Wie immer in solchen Fällen können nur Vermutungen angestellt werden, wie dieses wertvolle Objekt in eine so unwirtliche Gegend geraten ist. Der Fundort liegt in der Nähe der Route vom Martelltal über das 2.965 m hohe Sallentjoch ins Rabbi-Tal im Süden. Bereits in der Urzeit dürfte dieser eisfreie Übergang viel begangen worden sein. In der Bronzezeit hat es im hinteren Martelltal sicherlich auch eine Siedlung gegeben, wie Scherben- und Tierknochenfunde belegen. Es ist eher unwahrscheinlich, dass der Dolch – ein wahres Statussymbol für mächtige und wohlhabende Männer – von seinem Träger einfach verloren wurde. Die Experten vermuten vielmehr, dass die Waffe bewusst am Berghang deponiert wurde. Gründe dafür können ein Dankopfer für eine unter widrigen Umständen geglückte Passüberquerung sein, aber auch die symbolische Besetzung des Gebietes.

Der reich verzierte und aufwendig gearbeitete Dolch war sicherlich nicht für den alltäglichen Gebrauch eines Jägers oder Hirten bestimmt. Die Griffstange wäre mit nur 5,5 cm Länge dafür auch kaum geeignet gewesen. Die Klinge weist zwar deutliche Gebrauchsspuren auf, diese können aber auch von rituellen Handlungen stammen. Derzeit ist der Dolch nicht ausgestellt.

Apropos ...

Bereits vor 8.000 Jahren, in der Mittelsteinzeit, sind die Jäger durch das hintere Martelltal gezogen. Oberhalb der Zufallhütte wurden auf 2.350 m Seehöhe Feuersteinsplitter entdeckt, die beim Fertigen von Steinwaffen anfallen. Eine Jägerstation mit zahlreichen Steingeräten wurde 2006 in Madritsch (2.350 m) entdeckt. Weitere Funde der Mittelsteinzeit wurden unweit des ehemaligen Hotels Paradies (2.050 m), an dem wir bei unserer Wanderung vorbeikommen, getätigt.

Im hinteren Martelltal

PANORAMAWANDERUNG IM HINTEREN MARTELLTAL 2

Das Martelltal mit seinen großen Lärchenwäldern und seinen uralten Bauernhöfen ist vom Massentourismus weitgehend verschont geblieben, was den besonderen Reiz dieses Vinschgauer Seitentales ausmacht. Den Fundort des Dolches am Waldrand des Flurs Altkaser kann man nur von Weitem sehen, da er sich auf einem eingezäunten Privatgrund befindet. Die Wanderung lohnt sich aber auch wegen der herrlichen Landschaft!

Altkaser

Vom Hotel zum See (🍴) am Südufer des Zufritt-Sees (1.866 m) führt der Weg Nr. 36 leicht ansteigend Richtung Talschluss mit Blick auf den mächtigen Gletscher der Zufallspitze (3.757 m). In 50 Minuten erreichen wir das große und verwahrloste Ex-Hotel Paradies. Wenig später biegen wir links ab und nehmen den Weg Nr. 12 zum Sallent Joch. Rund eine ½ Stunde nach dem Hotel stoßen wir auf eine weitere Wegkreuzung und schlagen den Weg Nr. 12a ein, der völlig zu Recht Panoramaweg heißt. Nun geht es eine ½ Stunde recht eben dahin (höchster Punkt 2.218 m), bis wir uns direkt oberhalb des Sees befinden. Diesen erreichen wir in einem schnellen und steilen Abstieg. Über den Weg Nr. 17 kehren wir zum Ausgangspunkt zurück (vom Beginn des Abstiegs rund 40 Minuten).

Kurz & bündig

In einem Tal, das den Charme vergangener Zeiten bewahrt hat, begeben wir uns auf die Spuren der vorgeschichtlichen Jäger.

aussichtsreiche Rundwanderung fern vom Massentourismus

2½ Stunden, 390 Höhenmeter, 7 km

vom Vinschgau in das Martelltal bis an das hintere Ufer des Zufritt-Sees, kostenpflichtiger Parkplatz beim Hotel zum See

Hotel zum See: Modern und einladend mit Wild- und Forellen-spezialitäten, geöffnet von Ende März bis November.
Tel. 0473 744668,
www.hotelzumsee.com

DAS HAUENSTEINER SCHWERT

Archäologen müssen gelegentlich wie Detektive vorgehen, um die Geheimnisse rund um einen Fund zumindest teilweise zu klären. Dies war beispielsweise beim Hauensteiner Schwert der Fall. Wir unternehmen einen Spaziergang zur gleichnamigen Burg oberhalb von Seis.

Es sei vorausgeschickt, dass das Hauensteiner Schwert nichts mit der Burg zu tun hat. Das wunderschöne Bronzeschwert wurde um 1.400 v. Chr. (rund 2.500 Jahre vor der Errichtung der Burganlage!) angefertigt. Die Fundstelle liegt aber im Gebiet des Hauensteiner Waldes am Fuße des 2.283 m hohen Jungschlern. Als die Waffe im Herbst 1919 von Waldarbeitern entdeckt wurde, musste der Wald als Namensgeber herhalten.
Archäologen untersuchten den Fundort wie Kriminalisten einen Tatort: Das 60 cm lange, reich verzierte Schwert lag einfach am Boden, d. h. es war weder vergraben noch in die Erde gerammt worden. Es gibt mehrere Theorien: Am Schlernfuß dürfte einst ein Weg verlaufen sein, und der Besitzer hat das Schwert einfach ver-

Apropos ...

Die Burgen Hauenstein und Salegg sollen einst durch einen unterirdischen Gang verbunden gewesen sein. Laut Legende wurde darin ein gewaltiger Gold- und Silberschatz von einer Jungfrau mit langen, güldenen Haaren aufbewahrt. Leider wurden weder Geheimgang noch Schatz jemals gefunden.

Kopie des Hauensteiner Schwertes

loren. Oder: Ein Jäger, der einem Tier folgte, ist hier abgestürzt. Die dritte Hypothese besagt, dass das Schwert bei einer rituellen Handlung vom Schlern geworfen und dann in einer Rinne bis zum Wandfuß geschwemmt worden ist, oder – dies ist wohl die wahrscheinlichste Vermutung – einfach vor Ort niedergelegt worden ist. Das Rätsel wird wohl nie gelöst werden.

ZU DEN RUINEN VON HAUENSTEIN UND SALEGG 25

Wir starten von der Talstation der Seiser-Alm-Umlaufbahn (998 m). Eine nicht markierte Forststraße verläuft ein erstes Stück direkt unter der Seilbahn und bringt uns in 10 Minuten zum Weg Nr. 8 mit dem Wegweiser „Ruine Hauenstein". Unterwegs kommen wir an mehreren Stationen des netten Oswald-von-Wolkenstein-Weges vorbei, der dem bekannten Minnesänger gewidmet ist. In 45 Minuten mit mäßiger Steigung gelangen wir zu seinem einstigen Wohnsitz: Schloss Hauenstein (1.240 m). Die spitzen Mauerreste dieser Burg, die auf einem aussichtsreichen Felszahn steht, sehen der gewaltigen Santner Spitze im Hintergrund zum Verwechseln ähnlich. Unter der Ruine befindet sich eine Station des Themenweges, die dem Schwert gewidmet ist. Eine Kopie der Bronzewaffe steckt hier im Fels! Wir folgen dem Weg Nr. 3 und gelangen in rund 20 Minuten zur Ruine Salegg (1.219 m). In 15 Minuten steigen wir zum Hotel Salegg ab, das zu Beginn des 20. Jh. errichtet wurde. Eine Asphaltstraße führt uns in wenigen Minuten zum Ausgangspunkt zurück.

Kurz & bündig

Reise in die Vergangenheit zur Ruine der Burg von Oswald von Wolkenstein. Im Wald wurde das berühmte Hauensteiner Schwert gefunden.

einfache und hübsche Waldwanderung

1½ Stunden, 250 Höhenmeter, 4,5 km

In Seis bei der Talstation der Seiser-Alm-Umlaufbahn parken.

Trotzstube: Nach dem Ausflug zahlt sich ein Abstecher zu diesem Restaurant aus, das mit hausgemachten Nudeln lockt. Geöffnet von Juni bis Ende Oktober, Mo Ruhetag. Patenerweg 4 in Seis, Tel. 0471 706436, www.trotzstube.com

Die römische Schmiede

SCHMIEDE AUS DER RÖMERZEIT IN ELVAS

In Elvas befand sich bereits in der Römerzeit ein blühendes Dorf. Einen schönen Einblick in den Alltag und das Handwerk jener Zeit bieten die Reste einer Schmiedewerkstatt. Die Ausgrabungsstätte liegt neben dem Hotel Hofstatt und ist für Besucher zugänglich. Auf einer Rundwanderung erfahren wir viel Interessantes über die Siedlungsgeschichte der Hochebene von Natz-Schabs.

Ein paar auf der Straße spielende Kinder springen zur Seite, um ein Fuhrwerk vorbeizulassen. Aus einem kleinen, ärmlichen Haus dringt ein stetes und dumpfes Hämmern. Es ist der Dorfschmied, der seine Werkstatt direkt an der Straße hat. Eine Szene wie diese hat sich vermutlich in der frühen römischen Kaiserzeit (1.–2. Jh. n. Chr.) hier abgespielt. Im Sommer 1977 wurden in Elvas die Mauerreste eines Hauses freigelegt. Es bestand aus einem schmalen Eingangskorridor, einem Wohnraum mit Herdstelle und einer Werkstatt. Die zahlreichen Schlackenreste belegen, dass es sich um eine Schmiede handelte. Das Gebäude war im Stil der rätischen Häuser (siehe S. 126) in einer natürlichen Senke errichtet worden und bestand aus mit etwas Kalk gefertigten Steinmauern mit Holzaufbau. Der Boden war aus gestampfter Erde. Das eher ärmliche Haus stand nicht allein, sondern mitten im Dorf. Einige Bruchstücke des Tafelgeschirrs *Terra Sigillata*, die hier gefunden wurden, belegen aber, dass der Ort in Handelsbeziehungen mit dem Süden und dem Norden stand. Vom Brixner Talkessel, wo eine größere

Siedlung mit Wohnhäusern, Werkstätten und sogar einem Thermalbad lag, führte eine Straße auf die Hochebene direkt an der Schmiedewerkstatt vorbei.
In der Römerzeit hatten die Schmiede ein sehr hohes Niveau in der Metallverarbeitung erreicht. Dies belegen unter anderem die schönen Eisenwerkzeuge, die in Sanzeno im Nonstal gefunden wurden. Sie sehen den Messern, Sicheln und Hacken, die die Bauern noch heute am Feld und im Weinberg verwenden, zum Verwechseln ähnlich. Verarbeitet wurden je nach Verwendungszweck Eisen, Kupfer und Bronze. Der Schmied nahm im Dorf eine wichtige Rolle ein, weil er, wie auch der Töpfer, im Alltag mittlerweile unverzichtbar gewordene Gegenstände herstellte.

Apropos ...

Laugen und Mellaun – Zwei eher unscheinbare Orte des Brixner Raums sind Namensgeber für einen ganzen Kulturraum, der im Wesentlichen Südtirol, Trentino, Engadin und Osttirol umfasste. Die Laugen-Melaun-Kultur geht auf die Endbronzezeit (12. bis Mitte 6. Jh. v. Chr.) zurück. Beim Laugener Moor wurden für diese Kultur typische Keramiken entdeckt, in Mellaun lag hingegen ein Brandbestattungsplatz. Besonderheiten, wie beispielsweise bei Keramikformen und -verzierungen und seltener auch bei Kulthandlungen, werden von den Archäologen oft zur Abgrenzung von anderen Kulturräumen verwendet. Die Laugen-Melaun-Kultur mit einem „l" ist übrigens ein Rechtschreibfehler der Archäologen, der Ort heißt richtig Mellaun mit zwei „l".

Blick nach Natz

Brixen, gesehen vom Pinazhügel

VON NATZ NACH ELVAS 32

Unser Ausflug beginnt im Ortszentrum von Natz (889 m). Hier folgen wir dem Wegweiser „Laugen–Elvas". Am Ende des Dorfes verlassen wir die asphaltierte Straße und biegen links in die Obstwiesen ab. Der Weg Nr. 1 bringt uns in 20 Minuten zum Biotop Laugen (878 m). Nach ihm ist die bekannte vorgeschichtliche Keramik benannt (siehe Kasten). Wir bleiben am Weg Nr. 1 und kommen nach 50 Minuten Gesamtgehzeit nach Elvas (814 m). Hier empfehlen wir einen Abstecher zum Pinazhügel (853 m), der mit Schalensteinen und schöner Aussicht lockt (Nr. 1 Richtung Brixen und dann rechts bergauf, 30 Minuten hin und retour). Wieder in Elvas nehmen wir die Straße links neben dem Messnerhof und in wenigen Minuten gelangen wir zum Hotel Hofstatt, mit der Schmiede aus der Römerzeit (für die Besichtigung siehe „Kurz & bündig"). Auf der Straße geht es weiter, dem Weg nach „Natz" (blau/weiß) folgend, der bald in den Wald führt. Beim Sportplatz von Laugen stoßen wir auf die Straße, der wir 200 m lang folgen, um dann rechts in die Obstwiesen abzubiegen. In einer Stunde ab Hoftstatt sind wir wieder in Natz.

Kurz & bündig

ein archäologischer Spaziergang mit einigen Überraschungen: die Laugener Keramik, und die Schmiede aus der Römerzeit

von Natz nach Elvas, einfache Rundwanderung für das Frühjahr und den Herbst

mit dem Abstecher zum Pinazhügel 2½ Stunden, 190 Höhenmeter, 7,5 km

Bis nach Natz am Eingang in das Pustertal, im Ortszentrum parken.

Die Schmiede befindet sich auf Privatgrund. Vor der Besichtigung im Hotel Hofstatt Bescheid sagen, Tel. 0472 835420, www.hofstatt.com.

Bar-Café-Restaurant Elvas: Am Ortsrand gelegen, lokale Küche, aber auch einige Fischgerichte. Do Ruhetag, Tel. 0472 201020

Höhenheiligtu
Burgst

DEN GÖTTERN NAHE
DIE KULTPLÄTZE

Wertvolle Informationen über unsere Vorfahren liefert uns die Totenverehrung. Die ersten Zeugnisse dieser Art stammen aus der Jungsteinzeit mit dem Auftreten von Grabbeigaben und Steinkistengräbern. Es wird vermutet, dass die Menhire der Kupferzeit verstorbene, angesehene Ahnen darstellten und im Mittelpunkt von rituellen Handlungen standen. In der Bronzezeit setzt sich langsam die Einäscherung der Leichen durch, die auf ein verändertes Verhältnis zum Jenseits und zur Seele des Menschen hindeutet. Die Spiritualität unserer Vorfahren hat sich aber nicht nur in der Totenverehrung manifestiert, sondern auch in den Opferhandlungen. Wertvolle Gegenstände wurden bei Quellen, in Flüssen, Seen und Sümpfen deponiert. Das Wasser war schon damals Ausdruck des Lebens. Orte, um den Göttern die Votivgaben zu übergeben, waren aber auch Berggipfel, Pässe, Schluchten, Felsspalten oder Plätze mit unerklärbaren Naturphänomenen, wie die Warmluftlöcher am Mitterberg. Wer in die Höhe stieg, wollte hinauf zu den Göttern, wer seine Gaben in der Tiefe deponierte, richtete sich an erdverbundene Kräfte. Die Votivgabe wurde als Opfer im wahrsten Sinne des Wortes empfunden. Die Objekte mussten deshalb einen gewissen, zumindest symbolischen Wert haben. Waffen, Schmuck und später in der Römerzeit auch Münzen wurden dargebracht. In einigen Fällen handelte es sich aber lediglich um Miniaturausführungen, die bewusst für eine Opferhandlung angefertigt wurden.
Im Alpenraum befanden sich die Kultstätten in der Natur. In der Bronzezeit waren die Brandopferplätze weit verbreitet. Sie lagen in der Nähe von Siedlungen oder auf Berggipfeln. Das Entzünden des Feuers wurde zur religiösen Handlung. Verbrannt wurden Tiere und Gegenstände. Auf dem Scheiterhaufen landeten an manchen Orten, wie am Rungger Egg in Seis, auch Menschen. Wir wissen heute nicht, ob es sich dabei um einen besonderen Bestattungsritus oder tatsächlich um Menschenopfer handelte.
Alle diese Kulthandlungen haben etwas gemeinsam: Die Opfergabe wurde für den Menschen unbrauchbar, weil sie an unzugänglichen Orten deponiert, zerschlagen oder eben verbrannt wurde. Natürlich gab es auch Ausnahmen: So wurden bei den Brandopfern oft nur die Knochen und das Fett der Tiere ins Feuer geworfen, das gute Fleisch hingegen wurde gegessen. Mit den Römern kamen neue Sitten und neue Bräuche ins Land, so auch neue Religionen, wie der Mithras-Stein in Mauls (siehe S. 143) und der Merkur aus Kurtatsch (siehe S. 78) belegen.

Luftaufnahme des Burgstalls

DAS HÖHENHEILIGTUM AM SCHLERN

Lange Zeit ging man davon aus, dass unsere Vorfahren die Berggipfel mieden. Es gab einfach keinen Grund, in so unwirtliche Höhen zu steigen, wo es nichts mehr zum Jagen oder Sammeln gab. Die Südtiroler Archäologen Luis Oberrauch, Viktor Malfèr und Georg Innerebner sorgten deshalb für großes Aufsehen, als sie 1945 am Schlern, auf 2.515 m Seehöhe, auf einen Brandopferplatz aus der Bronzezeit stießen.

Es ist eine milde, schöne Sommernacht. Auf dem Burgstall, ganz im Norden des Schlernmassivs, schlagen hohe Flammen in den Himmel. Die Bewohner der Umgebung haben sich zu einem großen Opferfest zusammengefunden. Den ganzen Tag lang sind die Männer über die Seiser Alm aufgestiegen und haben große Mengen Holz und die Opfertiere hier herauf gebracht. Den Göttern werden vor allem Ziegen, Schafe, aber auch Rinder dargebracht. Die Tiere werden vor Ort geschlachtet und zerlegt. Das Fett und die Knochen werden ins Feuer geworfen, die verbrannten Knochenreste später in kleinste Teile zerschlagen und zu einem Haufen zusammengeworfen. Das gute Fleisch hingegen wird gebraten und von den Anwesenden mit großer Freude gegessen. So einen feinen Schmaus gibt es nicht alle Tage! Das Fest wird von einem Trankopfer begleitet. Auch die Tontassen, aus denen getrunken wird, werden nach dem Gebrauch zerschlagen. Das Opferfest ist einer der Höhepunkte des Jahres. Es findet zu besonderen Anlässen, wie etwa zur Sonnenwende, statt. Das gewaltige Opferfeuer ist auch in großer Entfernung noch zu sehen. Auf diesem nach Norden gerichteten Platz, der weit über die anderen Gipfel der Umgebung ragt, fühlen sich die Menschen den Göttern näher.

Die gefundenen Keramikstücke, die reich verziert sind und der Laugener Kultur (siehe S. 88) angehören, haben es ermöglicht, den Brandopferplatz rund um das Ende der Bronze- und den Be-

ginn der Eisenzeit (13. bis 10. Jh. v. Chr.) zu datieren. Am Burgstall befand sich ein großes, zentrales Bergheiligtum, zu dem die Bewohner vermutlich auch vom Gebiet des heutigen Völs und Kastelruth pilgerten. Kurioserweise ist das Höhenheiligtum wahrscheinlich mehrere Jahrhunderte lang nicht benutzt worden, bevor in der römischen Kaiserzeit wieder ein Ritus durchgeführt wurde. Die Archäologen sind hier nämlich auf mehrere römische Münzen gestoßen. Angeblich wurde am Burgstall auch eine Reiterstatue, möglicherweise eine Darstellung des römischen Kriegsgottes Mars, entdeckt. Leider gilt sie als verschollen.
Der Burgstall ist nicht der einzige Brandopferplatz am Schlernplateau. Bei der Roterdspitze wurden ähnliche Funde getätigt. Auf dem Weg von der Tierser Alpl Hütte zum Schlernhaus kommt man hier vorbei. Ganz in der Nähe, genauer gesagt am Plörg, wurden aus einer Steinhalde eine Bronzefibel und eine Pfeilspitze aus Feuerstein geborgen. Dass gleich mehrere Fundstätten am Schlern an Wanderwegen liegen, deutet darauf hin, dass diese schon vor mehreren Tausend Jahren begangen wurden. Der bekannte Touristensteig, auf dem auch wir während unserer Wanderung unterwegs sind, ist sicherlich bereits in der Vorzeit benutzt worden, weil er recht flach und ungefährlich ist und sich deshalb auch für das Vieh eignet. Der eigenwillige Name hat übrigens nicht unmittelbar mit den zahlreichen Urlaubern zu tun, die hier im Sommer anzutreffen sind. Der 1885 eröffnete Steig wurde schlicht nach dem Erbauer, dem Bozner Touristenklub, benannt.

VON DER SEISER ALM ZUM KULTPLATZ AM SCHLERN 26

Die wunderschöne Seiser Alm ist der Ausgangspunkt unserer Wanderung. Wir starten in Kompatsch (1.844 m), auf den Wegen Nr. 10 und 5 überqueren wir die von kleinen Holzhütten übersäten Almwiesen. In einer Stunde gelangen wir zur Saltnerhütte (🍴) (1.830 m).

Nachdem wir eine Holzbrücke überquert haben, beginnt der eigentliche Aufstieg über den bekannten Touristensteig. Dieser führt mit mehreren Kehren zuerst durch Latschen und dann über Geröll auf die Schlern-Hochfläche. Ein Rundumblick auf die Geislerspitzen, Langkofel, Rosengarten und Latemar lässt uns sofort die Mühen des Aufstiegs vergessen. Wir sind rund 3 Stunden unterwegs, wenn wir zum Schlernhaus kommen (🍴) (2.450 m). Um zum Burgstall (2.515 m) zu gelangen, müssen wir noch den Petz (2.563 m) überschreiten. Dafür benötigen wir etwa 40 Minuten ab dem Schutzhaus. Vom Höhenheiligtum ist für den Laien auf den ersten Blick nichts zu erkennen, beim genaueren Hinsehen können aber Kohlereste im Erdreich ausfindig gemacht werden. Der Ort ist auf jeden Fall sehr stimmungsvoll und der Himmel hier wirklich zum Greifen nahe. Zurück geht es in rund 3 Stunden über die Aufstiegsroute.

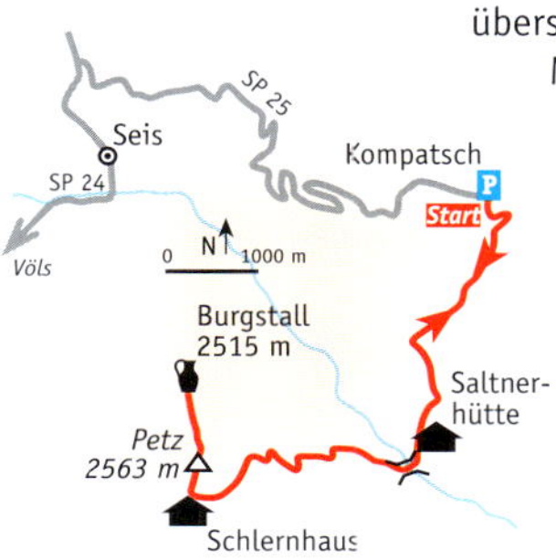

Apropos ...

Lange Zeit bevor die Menschen der Bronzezeit für ihre Opferfeiern auf den Schlern stiegen, zogen vor rund 10.000 Jahren (!) die Steinzeitjäger über die Seiser Alm. Diese weite, freie Hochebene eignete sich hervorragend, um das Wild zu beobachten und ihm aufzulauern. Hier wurden mehrere mittelsteinzeitliche Jägerrastplätze entdeckt. So auch in Kompatsch, dem Ausgangspunkt unserer Tour, am Ladinser Moos, wo wir auf dem Weg zum Burgstall vorbeikommen, oder weiter im Osten beim Großen Moos, in der Nähe der Ritsch Schwaige, wo heute die Langläufer ihre Runden ziehen. Sie gehen auf das 9. bis 7. Jahrtausend v. Chr. zurück. Im Südtiroler Archäologiemuseum in Bozen veranschaulicht ein Modell, wie dicht das Netz an Jägerrastplätzen auf der Seiser Alm war.

Auf der Seiser Alm

Das Schlernhaus

Kurz & bündig

stimmungsvoller Kultplatz mit atemberaubender Aussicht

anstrengende, aber lohnende Gebirgstour

6½–7 Stunden, 950 Höhenmeter, 19 km

Auf die Seiser Alm bis Kompatsch. Achtung: die Straße auf die Seiser Alm wird täglich von 9–17 Uhr gesperrt.

Umlaufbahn Seiser Alm: Täglich von 8–19 Uhr in Betrieb, Tel. 0471 704270, www.seiseralmbahn.it.

Saltnerhütte: Hausgemachter Käse und Kuchen, Buchweizen-spezialitäten, geöffnet von Ende Mai bis Anfang November, Tel. 0471 706887.

Schlernhaus: Berühmtes Schutzhaus mit 120-jähriger Geschichte, geöffnet von Anfang Juni bis Ende September, Tel. 0471 612024, www.schlernhaus.it.

SCHWARZHORN

KULTPLATZ IN LUFTIGEN HÖHEN

Am Schwarzhorn wurden einst große Brandopfer dargebracht. Vor allem Tiere wurden in der Eisenzeit hier auf 2.439 m Seehöhe geschlachtet und verbrannt, um die Götter wohlwollend zu stimmen. Das Gebiet ist für uns aber auch deshalb von Interesse, weil die Passhöhe Jochgrimm bereits vor 9.000 Jahren von den mittelsteinzeitlichen Jägern aufgesucht wurde.

Das Schwarzhorn ist ein herrlicher Aussichtsberg, der völlig frei zwischen dem Eggen- und dem Fleimstal steht. Von hier oben genießt man eine spektakuläre 360-Grad-Aussicht: Im Nordosten haben wir den Latemar und den Rosengarten in Augenhöhe. Der Blick schweift weiter zum Schlern und dem Rittner Horn. Hinter der Mendel ragt die Ortlergruppe in die Höhe, weiter im Süden das Brenta-Gebirge. Im Osten sehen wir die schönen Dolomitengipfel des Fleims- und Fassatals bis hin zur Marmolada. Es verwundert deshalb nicht, dass sich unsere Vorfahren dieses Plätzchen für ihre Kulthandlungen ausgesucht haben.

Die Archäologen waren sich in der Vergangenheit über die Nutzung des Schwarzhorns in der Vorgeschichte nicht einig. Die einen vermuteten eine Höhensiedlung, die anderen gar eine Festung. Heute herrscht weitgehend Einigkeit darüber, dass sich hier ein Brandopferplatz befand, der von den Hirten und den Bewohnern der Umgebung genutzt wurde. Das Schwarzhorn dürfte demnach eines der letzten noch aktiven Höhenheiligtümer der Eisenzeit gewesen sein. Gefunden wurden hier in erster Linie verbrannte Knochen und Scherben. Eine Untersuchung der Keramik hat ergeben, dass sie aus der späten Hallstattzeit und der frühen Latènezeit stammt (7.–4. Jh. v. Chr.). Etwas unterhalb des Gipfels wurde ein spätbronzezeitlicher Dolch aus dem 13. Jh. v. Chr. entdeckt,

Am Schwarzhorn, im Hintergrund das Weißhorn

Aufstieg vom Kugeljoch

der ebenfalls eine Opfergabe gewesen sein dürfte. Die Arbeit der Archäologen wurde durch den Umstand erschwert, dass sich auf dem Gipfel im Ersten Weltkrieg Stellungsbauten befanden. Einige Trockenmauern stammen sicherlich aus jener Zeit. Das Schwarzhorn war von den Kriegsherrn wegen seiner strategischen Position ausgewählt worden. Die Soldaten zerstörten bei der Errichtung ihrer Stellung auch viele archäologische Spuren. Das eine oder andere Eisenstück, auf das man bei späteren Grabungen stieß, stammt höchstwahrscheinlich aus der Zeit des Ersten Weltkrieges. Dass sich aber bereits in ferner Vergangenheit Steinbauten auf dem Schwarzhorn befanden, lässt der italienische Name *La Rocca* (= Festung) vermuten, wie das Schwarzhorn auch genannt wird.

VOM JOCHGRIMM AUF DAS SCHWARZHORN 22

Startpunkt unserer Wanderung ist das Jochgrimm (1.989 m), der Sattel zwischen dem Weiß- und dem Schwarzhorn. Der Weg Nr. 4 führt durch einen Wald und über Lichtungen bis zum Kugeljoch, wo wir nach 50 Minuten ankommen. Wir biegen links Richtung „Schwarzhorn" ab. Jetzt erst beginnt die eigentliche Steigung. Auf einem Kamm (Weg Nr. 502) gelangen wir bis zum Gipfel (2.439 m), wobei sich mit jedem Schritt das Panorama weiter öffnet. Nach etwas weniger als 1½ Stunden ab der Abzweigung sind wir oben. Noch heute wird alljährlich am Gipfel das traditionelle Herz-Jesu-Feuer entzündet. Für den Abstieg nehmen wir rechts den Weg Nr. 573 (nicht Weg Nr. 2 über die Skipiste) bis zu einem Wassersammelbecken, dann halten wir uns links. In 50 Minuten ab dem Gipfel sind wir wieder am Jochgrimm.

Apropos ...

Bereits in der Mittelsteinzeit, d. h. vor rund 9.000 Jahren, wurde auf den Hängen des Schwarzhorns gejagt. Auf den Wiesenflächen der Passhöhe befanden sich vermutlich mehrere Jägerrastplätze. Dies belegen zahlreiche Steingeräte, vor allem Klingen und Kratzer, die am Jochgrimm wie auch entlang des Weges, der zur Doladizza Alm führt, gefunden wurden. Bei unserem Aufstieg zum Gipfel sind wir ein erstes Stück auf diesem Urweg unterwegs. Kohlereste, die im Erdreich entdeckt wurden, stammen offensichtlich von Feuerstellen.

Kurz & bündig

bedeutender vorgeschichtlicher Kultort mit Stellung aus dem Ersten Weltkrieg

schöne Rundwanderung auf einen Aussichtsberg an der Grenze zwischen Südtirol und Trentino

3 Stunden, 550 Höhenmeter, 7 km

vom Eggental über den Lavazèpass bis Jochgrimm

Hotel Schwarzhorn: Bekannter Einkehrpunkt am Jochgrimm, geöffnet von Mitte Juni bis Mitte September ohne Ruhetag, Tel. 0471 887180, www.jochgrimm-oclini.com.

Am geschichtsträchtigen Schwarzhorn

Bei den Warmlöchern

DIE WARMLÖCHER AM MITTERBERG

DAS TOR ZUR UNTERWELT

Im Winter strömt warme Luft aus Felsspalten bei den Rosszähnen und Nebelschwaden steigen zum Himmel auf. Kein Wunder, dass unsere Vorfahren hier eine Verbindung zur Unterwelt vermuteten und diesen Ort als Naturheiligtum wählten.

Die Warmlöcher sind, ähnlich wie die Eislöcher in Eppan (siehe S. 164), ein faszinierendes Naturphänomen, das im tief zerklüfteten Porphyrfels seine Erklärung findet. Aus der Tiefe steigt die rund 15 Grad warme Luft wie in einem Kamin an die Oberfläche und bildet im Winter Nebelschwaden. Der Mitterberg, mit diesem geheimnisvollen Platz, war seit Urzeiten ein bedeutender Siedlungs- und Kultort und wird deshalb auch „heiliger Ruggn" genannt. Er war wegen seiner natürlichen Verteidigungsfunktion bereits um 4.000 v. Chr. bewohnt. Viele Mauerreste, die noch heute im Wald sichtbar sind, sind vorgeschichtlich. Sie stammen von Siedlungen und Schutzanlagen aus den verschiedensten Epochen. Hier finden sich auch neuzeitliche Spuren, vor allem aus dem Zweiten Weltkrieg. Die meisten archäologischen Fundstellen hier sind jedoch prähistorische Kultplätze, wie jener am nahen Pigloner Kopf, der aus dem 3. Jahrtausend v. Chr. stammt. Hier wurde ein bedeutender Depotfund getätigt: fünf Kupferäxte in Miniaturausführung (rund 2.500 v. Chr.). Auch Brandopfer wurden dargebracht, wie eine drei Meter dicke Brandschicht belegt.

ZU DEN WARMLÖCHERN 16

Am Mitterberg

Unser Ausflug beginnt bei der ersten Spitzkehre auf der Straße, die von Kaltern über den Kreither Sattel zur Laimburg führt. Der Weg Nr. 13 führt in einer ½ Stunde bergauf zur Abzweigung zur Leuchtenburg (576 m). Der Abstecher zur Ruine lohnt sich allein wegen des herrlichen Blicks über das Unterland und Überetsch. Weiter geht es am Weg Nr. 13c, kurz vor den Rosszähnen halten wir uns links, um zu den Warmlöchern (584 m) zu gelangen. Diese sind nicht leicht zu finden (GPS N46°22.206 E11°17.020). Vorsicht an ausgesetzten Stellen! In einer Stunde ab Start sind wir bei den Rosszähnen (609 m). Nun beginnt der Abstieg in südlicher Richtung immer auf dem gleichen Weg, der nach rund 20 Minuten in eine Forststraße mündet. Diese führt uns (Markierung 13a) in 40 Minuten zum Ausgangspunkt zurück. Das letzte Stück kennen wir bereits vom Aufstieg.

Apropos ...

Die Opfergaben für die Götter wurden nicht nur verbrannt, sondern auch in Felsnischen, Gruben und Mooren deponiert. Geopfert wurden unter anderem Geräte und Waffen, wie z. B. der außergewöhnliche Fund aus der frühen Eisenzeit vom Kreither Sattel. Es handelt sich um Bronzeeimer, -beile sowie Rüstungsteile, die zwischen dem 8. und 7. Jh. v. Chr. teils in einer rituellen Handlung zerbrochen und teils neuwertig dem Erdboden anvertraut wurden.

Bronzeeimer vom Kreither Sattel

Kurz & bündig

unterwegs am archäologisch bedeutenden Mitterberg
angenehmer Waldspaziergang
2 Stunden, 340 Höhenmeter, 7 km
am Ostufer des Kalterersees in der Nähe von Klughammer bis zur ersten Spitzkehre auf der Straße zur Laimburg (kleiner Parkplatz)
Klughammer: Restaurant mit nettem Strandbad am Kalterer See, geöffnet von April bis Allerheiligen, Mo Ruhetag, Tel. 0471 960159.

Am Burgstallegg

DIE RÄTSELHAFTEN „WALLBURGEN“ IN ALDEIN UND DEUTSCHNOFEN

Heute begeben wir uns auf die Suche nach zwei „Wallburgen“. Was sind diese mysteriösen Orte? Wir erfahren es während zwei schöner Wanderungen durch die Wälder oberhalb des Etschtales zum Burgstallegg bei Aldein und nach Enzbirch in der Nähe von Deutschnofen.

„Wallburgen“ sind befestigte Siedlungen aus verschiedenen Epochen, die in der Regel an besonders ausgesetzten und aussichtsreichen Punkten errichtet wurden. Sie liegen oft auf Anhöhen, Hügeln und Bergen und sind von einer Ringmauer oder gar mehreren konzentrischen Mauern umgeben. In unserer Region gibt es zahlreiche „Wallburgen“. Ursprünglich wurde angenommen, dass es sich um befestigte Siedlungen handelte, in die sich die Bevölkerung bei nahender Gefahr zurückzog oder in denen die Oberschicht lebte. Die Archäologen haben allerdings herausgefunden, dass es sich in vielen Fällen hingegen um Brandopferplätze handelte.
Dies ist beispielsweise beim faszinierenden Burgstallegg in Aldein der Fall, der laut jüngsten Studien tatsächlich ein Kultplatz war. Die Anlage steht in einer ausgewählten Position über dem Etschtal und hat eine Besonderheit: Es handelt sich hierbei um eine „Doppel-Wallburg“, wie sie die Wissenschaftler bezeichnen. Noch heute sieht man die Reste der mächtigen Mauern, die großteils eingestürzt sind. An manchen Stellen sind sie bis zu 1,5 m dick. Eine unglaubliche Menge an Steinen ist hier zusammengetragen und zu einem Hügel aufgeschüttet worden. Vom antiken Brandopferplatz, der aus der Eisenzeit stammen könnte (auch wenn keine Keramikscherben oder andere Gegenstände entdeckt worden sind, die eine genaue Datierung zulassen würden), ist nichts weiter als eine riesige Ansammlung an Steinen und viel Mysterium übrig geblieben. In Aldein sind bisher keine verbrannten Knochen entdeckt worden, die bei anderen Brandopferplätzen in großen Mengen anzutreffen sind. Wer weiß, welche Art von Opfer an diesem stimmungsvollen Ort dargebracht wurden …

VON ALDEIN ZUM BURGSTALLEGG 20

Auf der Höhe des Aldeiner Hofes (1.075 m) folgen wir dem Wegweiser „Burgstallegg". Auf einem mit „R" markierten Weg gelangen wir nach 20 Minuten zur eindrucksvollen „Wallburg" am Felsabbruch über dem Etschtal. Von dort bringt uns unser Rundweg in einer ½ Stunde zur Rotwand (1.026 m): Ein atemberaubender Aussichtspunkt, der uns einen Blick über das ganze Unterland und Überetsch erlaubt! Die schwindelerregende Wand ist aus rotem Porphyr. Nach diesem kurzen Abstecher kehren wir wieder auf unsere Route zurück, die uns nun in 15 Minuten zum verträumten Göllersee (1.071 m) führt. Dem Weg „0" folgend kommen wir zum Pigleider Hof (1.141 m) (🍴). Hinter dem Hof führt ein nicht markierter Ziehweg hinunter Richtung Ausgangspunkt. Nach einem kurzen Stück auf der Straße sind wir wieder dort.

Kurz & bündig

👁 zur „Wallburg" vom Burgstallegg
lohnende und kurze Wanderung mit herrlichem Aussichtspunkt
⌛ 2 Stunden, 180 Höhenmeter, 5 km
🚌 über das Eggental und Deutschnofen bzw. über Auer und Montan nach Aldein, Parkmöglichkeit beim Aldeiner Hof
🍴 **Pigleider Hof:** Einfacher Landgasthof in sonniger Lage, von März bis Allerheiligen geöffnet, Tel. 0471 886812.

Aussicht ins Unterland

Am Enzbirch

VON DEUTSCHNOFEN NACH ENZBIRCH 23

Bis heute ist nicht ganz geklärt, welche Funktion diese „Wallburg" erfüllte, gewiss ist hingegen, dass sich unsere Vorfahren dafür ein besonders schönes Plätzchen mit einer herrlichen Aussicht auf das Etschtal ausgesucht haben. Enzbirch scheint in den Büchern und Landkarten auch als Trensbirch und Trens Birg auf.

Wir gehen vom Dorfzentrum von Deutschnofen (1.370 m) ein kurzes Stück auf der Straße (Richtung Wölflhof). Nach wenigen Metern biegen wir links bergab auf den alten Kirchweg (Markierung „K", später „10"). In 1½ Stunden erreichen wir den Höggerhof (1.360 m) (🍴). Vom nahe gelegenen Schadnerhof geht es, dem Wegweiser „Enzbirch" (1.273 m) folgend, hinab zur „Wallburg" (35 Minuten ab Schadnerhof). Auf dem Rückweg gehen wir nach einer kurzen Steigung auf der Forststraße den Wegweiser „R" bergauf folgend zurück zum Schadnerhof (40 Minuten ab Enzbirch). Beim Höggerhof geht es zuerst über eine Wiese und dann durch den Wald in knapp einer Stunde zum Wölflhof (1.290 m) (🍴). Dort kehren wir über den E5-Weg in rund 40 Minuten nach Deutschnofen zurück.

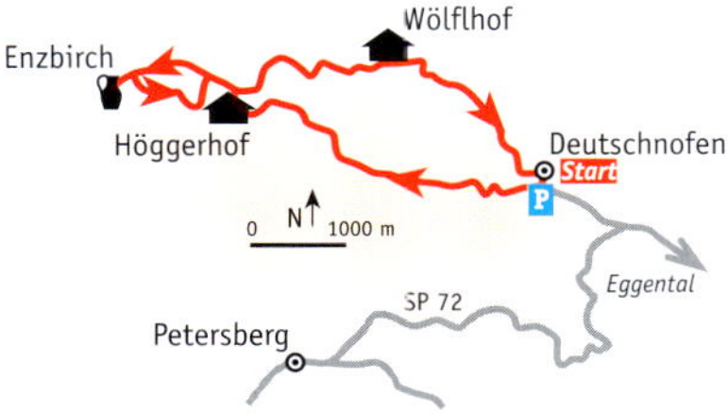

Kurz & bündig

zur „Wallburg" von Enzbirch

schöne und abwechslungsreiche Wald- und Wiesenwanderung vorbei an alten Bauernhöfen

4–4½ Stunden, (mit Auto bis Schadnerhof, kleine Runde dann 1¼ Stunden), 570 Höhenmeter, 14 km

Deutschnofen ist über das Eggental oder Aldein erreichbar, parken bei der Kirche.

Höggerhof: Familiäre und kleine Jausenstation, geöffnet von Juni bis Anfang November, Mi Ruhetag, Tel. 0471 616585.

Wölflhof: Ganzjährig geöffneter Buschenschank mit Tradition, Tel. 0471 616407.

FELDTHURNS

DAS KLEINE STONEHENGE IN SÜDTIROL

Im Ortszentrum von Feldthurns (851 m) gibt es ein Freilichtmuseum, das einem mysteriösen megalithischen Kultplatz aus der Kupferzeit gewidmet ist. Es handelt sich um einen antiken Ort für Begräbnisriten und rituelle Handlungen zur Totenverehrung. Oberhalb der malerischen Ortschaft von Feldthurns erhebt sich der Königsanger. Wir statten diesem Höhenheiligtum einen Besuch ab.

Feldthurns wird seit Jahrtausenden von den Menschen als Siedlungsplatz genutzt. Diese Sonnenterasse im Eisacktaler Mittelgebirge ist seit der Jungsteinzeit bewohnt, so auch in der Kupfer-, Bronze- und Eisenzeit sowie in der Römerzeit und im Mittelalter. Der Archeoparc Feldthurns/Tanzgasse ist eine moderne Holz- und Stahlstruktur, die uns einen Blick auf die Kultur unserer Vorfahren zur Zeit Ötzis erlaubt.

Die Megalith-Anlage – In Feldthurns sind vier kreisförmige Anlagen entdeckt worden. Um diese zu errichten, haben unsere Vorfahren sicherlich schuften müssen. Es erforderte eine gewisse Organisation, um die großen Steine auszuwählen, zu bearbeiten, zu verlegen und aufzuschichten. Im Kultareal wurde vermutlich nur die Elite einer Gemeinschaft bestattet, die sich um die Mitte des 3. Jahrtausends v. Chr. hier niedergelassen hatte. Megalith-Bauten wurden in weiten Teilen Europas errichtet. Große Steine wurden oft in einer Linie oder kreisförmig aufgestellt, wie im berühmten Stonehenge in England.

Im Freilichtmuseum

Der Totenkult – Bei den großen Kreisen wurden Begräbnisrituale abgehalten, von denen wir leider wenig wissen. Vermutlich wurde die Anlage mit der Zeit zunehmend als Opferplatz genutzt. So wurden verbrannte Reste eines Schildkrötenpanzers, eines Vogels und eines Rindes entdeckt. Die Frage, warum gerade diese Tiere für die Riten ausgewählt wurden, kann vorerst leider nicht beantwortet werden. Weiters wurden hier verbrannte Menschenknochen deponiert.

Menhir – Auf dem Feldthurnser Menhir sind eine Axt und ein Dolch als Statussymbole dargestellt. Dass er in einem Kultareal entdeckt wurde, ist ein richtiger Glücksfall. Die anderen in Südtirol gefundenen Steinstelen waren zuvor meist von ihrem ursprünglichen Standort entfernt und als Baumaterial verwendet worden. Eine Kopie des Menhirs ist im Freilichtmuseum in Feldthurns, das Original im Südtiroler Archäologiemuseum in Bozen zu sehen.

Kurz & bündig

Besuch des Freilichtmuseums Feldthurns und Wanderung zum Höhenheiligtum

anstrengende Gipfeltour auf einen der schönsten Aussichtsberge Südtirols

5½–6 Stunden, 1.055 Höhenmeter, 11 km

Archeoparc Feldthurns: über das Eisacktal bis Feldthurns, nördlich von Klausen
Wanderung: von Feldthurns immer bergauf nach Garn und dann bis zum Parkplatz am Garner Wetterkreuz

Archeoparc Feldthurns: Im Dorfzentum in der Tanzgasse (frei zugänglich). Der Tourismusverein bietet Führungen an (Tel. 0472 855290).

Di–So von 9 Uhr bis zur Abenddämmerung geöffnet, Mo geschlossen.

Radelseehütte: Beliebtes Wanderziel mit prächtigem Blick auf die Dolomiten, Übernachtungsmöglichkeit. Von Mitte Mai bis Anfang November geöffnet, Tel. 0472 855230.

Radelsee-
hütte

VOM GARNER WETTERKREUZ AUF DEN KÖNIGSANGER 31

Der Königsanger zieht die Menschen seit der Bronzezeit an: Vor fast 3.000 Jahren wurden den Göttern hier Opfer dargebracht, und noch heute wird einmal im Jahr eine Bergmesse zelebriert. Die Archäologen haben Scherben und verbrannte Tierknochen gefunden. Die Wanderung auf den Königsanger (2.436 m) ist ein echter Klassiker, im Sommer wie im Winter. Wir starten vom Garner Wetterkreuz (1.385 m) oberhalb von Feldthurns. Wir folgen der Markierung 10 immer bergauf. Es geht durch Wälder und dann über Almwiesen dahin. Der Blick auf die Dolomiten wird mit jedem Schritt weiter. Bei Munschegg (2.154 m; nach 2½ Stunden) stoßen wir auf den Weg 8, der vom Latzfonser Kreuz zur Radelseehütte führt. Wir steigen aber in einer guten ½ Stunde auf dem Weg Nr. 10a auf den Königsanger. Ab jetzt geht es nur noch bergab! Über den Kamm (Nr. 7) kommen wir in 30 Minuten zur Radelseehütte (2.284 m) (🍴). Der Weg Nr. 10 bringt uns in 2 Stunden zum Garner Wetterkreuz zurück.

Apropos ...

Dort, wo heute das Freilichtmuseum steht, trafen sich einst die Hexen zum Tanz! Der Name Tanzgasse ist mit verschiedenen Geschichten und Legenden verbunden. Im Kataster von Maria Theresia scheint der Platz als „Danzwiese" auf, im Dorfbuch wird ebenfalls auf diesen Vergnügungsort verwiesen. Das verwundert auch nicht weiter, denn es handelt sich wirklich um ein hübsches Plätzchen.

Der „Heilige Winkel"

DER „HEILIGE WINKEL" IM BOZNER BECKEN

Bereits unsere Vorfahren kannten und schätzten die heilende Wirkung des schwefelhaltigen Wassers. Im „Heiligen Winkel" im Osten Bozens, zwischen Moritzing und Siebeneich, lag einst ein Kultplatz: Die Quelle von Schwefelbad wurde in der Eisenzeit verehrt. An diesem heiligen Ort sind Tausende Ringe geopfert worden.

Dieser Schatz ist bei Straßenarbeiten entdeckt worden und belegt, wie die Schwefelquelle für Votivgaben genutzt wurde. In der Vorgeschichte war es üblich, persönliche Wertgegenstände im Wasser zu deponieren. In der Ortschaft Schwefelbad sind auch Fibeln, Nadeln, Tonscherben und ein stilisiertes Figürchen ans Tageslicht gekommen. Den Großteil der Opfergaben stellen aber die Ringe verschiedenster Art dar. Es gibt sogar Miniaturausführungen und einige elegant dekorierte Stücke. Unter ihnen finden sich Ringe mit Gebrauchsspuren, die vermutlich jahrelang getragen wurden. Es gibt aber auch sogenannte Votivringe, die für Kulthandlungen in Serie angefertigt wurden. Zahlreiche Exemplare sind nie getragen worden und weisen noch die Spuren des Produktionsvorganges auf. Andere wiederum waren ganz einfach aus dünnem Bronzeblech herausgeschnitten worden.

Ruine Greifenstein

RUINE GREIFENSTEIN, AUCH SAUSCHLOSS GENANNT

Der Legende nach wurde einst während der Belagerung von Greifenstein das letzte Schwein über die Burgmauer geworfen, um reichliche Vorräte vorzutäuschen. Die List war von Erfolg gekrönt, denn die Belagerer zogen daraufhin ab.

VON TERLAN ZUR RUINE GREIFENSTEIN 11

Der Ausflug beginnt in Siebeneich (253 m), zwischen Bozen und Terlan. Es geht über den Pater-Romedius-Weg hinauf und dann auf dem Weg Nr. 11 weiter Richtung Noafer. Wir wandern auf einem guten Weg durch den Wald. Nach rund 1½ Stunden und 500 Höhenmetern sind wir bei der Ruine Greifenstein (750 m). Die Burg liegt an einer ausgewählten Position: Von hier überblickt man das Etschtal von Bozen bis fast nach Meran. Heute sind es nicht mehr die Ritter, sondern vor allem Familien, die durch die Gänge der alten Burg schreiten. Die Ruine gibt immer wieder eine wunderschöne Aussicht auf das Tal und die unverkennbare Felswand des Gantkofels frei. Von der Ruine gelangen wir in wenigen Minuten zum Gasthof Noafer (🍴), der auch mit dem Auto zu erreichen ist. Die sonnige Lage und die gute Küche laden zu einer Rast ein. Zum Ausgangspunkt kann man auf dem gleichen Weg zurückkehren oder eine wesentlich längere und anstrengendere Runde wählen, die wir empfehlen, weil sie besonders aussichtsreich und wenig begangen ist. Vom Noafer geht es bergauf zur Straße nach Glaning. Wir biegen links ab und

Gasthof Noafer

folgen der Markierung Nr. 9. Nach rund 2 km sind wir beim Moar in Rumsein (916 m), wo wir links Richtung Siebeneich absteigen (weiter Nr. 9). In Pentsch wird der Steig schmal und führt steil hinab nach Siebeneich. Wir kommen durch den Margarethenwald, der nach der Landesfürstin Maultasch benannt ist. Auf der einen Seite sehen wir Greifenstein und Richtung Terlan die Ruine von Helfenburg. Wir sind nun wieder in Siebeneich und kehren am Weg Nr. 11 zum Auto zurück (2¼ Stunden ab Noafer).

Apropos ...

Die Hänge der Ruine Greifenstein sind bereits in der Steinzeit von den Menschen aufgesucht worden. Auf dem Burghügel wurden Spuren aus der Jungsteinzeit, der Bronze- und Eisenzeit bis zum Mittelalter ausfindig gemacht. Die Archäologen vermuten – es fehlen jedoch die Belege –, dass sich hier einst ein bedeutender Kultplatz befand. Es wurden zahlreiche, auch verbrannte Tierknochen gefunden. Auf dem gesamten Hang bis hinunter zu den Weingärten wurden viele vorgeschichtliche Funde getätigt, so etwa sind auch Siedlungsspuren entdeckt worden. Diese könnten in enger Verbindung mit dem Kultort bei Greifenstein stehen. Leider haben diese Funde auch „Grabräuber“, unerfahrene Hobbyarchäologen, angezogen, die nur zum Eigennutz suchen und so große Schäden verursachen.

Kurz & bündig

zur Ruine Greifenstein, wo in der Vorgeschichte ein Kultplatz lag

Familienwanderung (Vorsicht an den ausgesetzten Stellen bei der langen Runde), am schönsten im Frühling und Herbst

2¾ Stunden, 530 Höhenmeter, 6,2 km (lange Runde: 4 Stunden, 740 Höhenmeter, 10 km)

Auf der Meraner Staatsstraße bis nach Siebeneich, beim Gasthof Patauner oder bei der Grundschule parken.

In der **Grundschule Siebeneich** sind einige archäologische Fundstücke ausgestellt. Zu besichtigen werktags nach telefonischer Vereinbarung (0471 201141).

Gasthof Noafer: In Unterglaning, lokale Küche, familiäres Ambiente, im Herbst Törggelen. Geöffnet von Mitte Juni bis Mitte September, Di Ruhetag, Tel. 0471 266539.

Abstieg in den Margarethenwald

Rätselhafte Schalensteine

STEINE ERZÄHLEN

SCHALENSTEINE UND MENHIRE IN SÜDTIROL

Die Schalensteine sind eines der großen, noch ungeklärten Rätsel der Archäologie. Es gibt sie auf der ganzen Welt, so etwa in Europa, Amerika sowie Afrika und sogar auf Hawaii und im Himalaja. Wann wurden sie angefertigt und wozu dienten sie? Es gibt zwar eine lange Reihe fantasievoller bis skurriler Vermutungen, die Wissenschaftler halten sich mit den Antworten auf diese Fragen aber sehr zurück. Schon allein die Datierung der Schalensteine stellt ein großes Problem dar. Es gibt keine seriöse Messmethode, um den Grübchen in einem Felsen ein genaues Alter zuschreiben zu können. Wenn in der Umgebung nicht andere Funde getätigt worden sind, können sie entweder Jahrtausende alt sein, aber auch vor wenigen Jahrzehnten von einem Scherzbold in den Stein gerieben worden sein. Die ältesten Schalensteine in Südtirol gehen auf die Jungsteinzeit zurück, viele dürften aber aus der Bronzezeit stammen. Seltsamerweise kamen sie in der Römerzeit scheinbar aus der Mode, aber wurden später wieder angefertigt. Wie kamen aber Schalensteine in den Kreuzgang des Brixner Doms? Es gibt mehrere Beispiele dafür, dass diese als heidnisch empfundenen Steine bewusst für den Bau von sakralen Gebäuden verwendet wurden.

Die Algunder Menhire

Das gilt auch für den Figurenmenhir, der im Altar der Bichlkirche in Latsch entdeckt worden ist. Einige Schalensteine sind sicherlich das Werk von „Nachahmungstätern". Auf bestehenden Schalensteinen hat sich über die Jahrhunderte gewiss das eine oder andere Grübchen hinzugesellt. Auch einige Schälchen des Brixner Kreuzganges dürften von Domschülern aus Jux gemacht worden sein.
Schalensteine gibt es in unzähligen Variationen: einfache Grübchen verschiedenster Größe, die durch kleine Kanäle miteinander verbunden sein können, Hakenkreuze, Schlangenlinien, Spiralen ... Es gibt sogar welche, die wie das bekannte Brettspiel Mühle aussehen! Oft sind sie in der Nähe von ebenfalls durch Menschenhand geschaffenen Felsrutschen, den sogenannten Fruchtbarkeitsrutschen, anzutreffen. Aufwendige Felsbilder wie in der Valcamonica sind in Südtirol vorerst nicht bekannt. Ihren höchsten Ausdruck erlebte die Felsenkunst in unserer Region ab rund 2.900 v. Chr. mit den Menhiren, den Stelen der Kupferzeit.
Welche Funktion hatten die Schalensteine? Der Bogen der Erklärungen spannt sich von Kult- und Opferplätzen, über Sternbildkarten und Orientierungshilfen bis hin zu bedeutungslosen Spuren der Steinmehlproduktion oder gar dem Zeitvertreib aus Langeweile! Keine dieser Theorien kann aber dieses weltumspannende Phänomen ausreichend erklären.

DIE SCHALENSTEIN-GALERIE BEI DEN SPRONSER SEEN

Am Pfitscher Schartl bei den Spronser Seen gibt es eine unglaubliche Ansammlung an Schalensteinen. Die Archäologen zählten fast 20 Steinplatten, von denen einige bis zu 100 (!) Grübchen aufweisen. Auf unserer Wanderung erfahren wir viel über diese mysteriösen Spuren, die unsere Vorfahren an vielen Orten hinterlassen haben.

Am Pfitscher Schartl

Mit etwas Glück trifft man bei einer Tour in Südtirols Bergen auf Schalensteine. Der ahnungslose Wanderer geht an ihnen einfach vorbei, das geschulte Auge erkennt sie hingegen sofort. Es handelt sich um kleine Grübchen und Figuren, die in ferner Zeit in Felsen gerieben wurden. Schalensteine gibt es auch im Tal, im Gebirge trifft man sie vor allem an aussichtsreichen Plätzen und Jochübergängen an, wie am Pfitscher Schartl auf mehr als 2.100 m Seehöhe. Neben den gewöhnlichen Grübchen gibt es hier auch Felszeichnungen, vor allem Spiralenlinien. Bei der Suche nach diesen Figuren stoßen wir auch auf Mauerreste. Die genaue Datierung ist wie bei den meisten anderen Schalensteinen sehr schwierig. Keramikbruchstücke und eine Kohleschicht weisen auf eine wiederholte Nutzung des Ortes von der Endbronzezeit (12.–11. Jh. v. Chr.) bis in die Römerzeit hin. Hier dürfte sich eine Kultstätte befunden haben. Der Experte Franz Haller glaubte sogar an einen Sonnenkultplatz, da die Sonne – so schrieb er in den 1970er Jahren – am 21. Juni hinter dem Ifinger-Gebirgskamm aufgeht und durch das Spronsertal genau auf diesen Ort strahlt. Die Bauern der Umgebung erzählen hingegen, dass die Toten früher von Pfelders nach St. Peter bei Dorf Tirol gebracht wurden und am Pfitscher Jöchl die Totenrast lag. Die Träger gaben, während sie sich etwas ausruhten, angeblich etwas Fett in die Schälchen und entzündeten darin einen kleinen Docht.

Ein weiterer Brandopferplatz der Endbronzezeit und zweiten Eisenzeit wurde am nahe gelegenen Mutkopf oberhalb von Dorf Tirol ausfindig gemacht. Hier wurden verbrannte Knochen und geschmolzene Steine gefunden. Das gewaltige Feuer konnte vom gesamten Meraner Talkessel und den umliegenden Bergen aus beobachtet werden. Der nahe Waldrücken Kasleit (von *Castlir, Castelliere* = Wallburg), aber auch eine Sage hatten die Forscher zur

Fundstätte geführt. Diese erzählte von einem Nörggeleschloss auf dem Mutkopf, in dem Zwerge lebten. Für die Archäologen war dies ein wichtiger Hinweis, denn oft sind vorgeschichtliche Orte mit derartigen Erzählungen verbunden.

Unterwegs zur Oberkaseralm

VON HOCHMUTH ZU DEN SPRONSER SEEN 8

Die Seilbahn bringt uns von Dorf Tirol (596 m) nach Hochmuth (1.361 m). Am Weg Nr. 22 erreichen wir in 10 Minuten den Steinegghof (🍴) und in weiteren 50 Minuten das Gasthaus Mutkopf (🍴) (1.684 m). Der Wald gibt immer wieder einen herrlichen Ausblick auf das Meraner Becken frei. Wir folgen dem Wegweiser „Spronser Seen" (zuerst Nr. 22, dann 22a „Jägersteig"). Nach 1¾ Stunden gelangen wir zum Pfitscher Schartl (2.132 m), wo rechts und links des Weges mehrere schöne Schalensteine liegen. Wir sind dann schon bei der Pfitscher Lacke (2.126 m) und in 10 Minuten bei der Oberkaseralm (🍴) (2.131 m; 3 Stunden ab Hochmuth) inmitten eines beeindruckenden Amphitheaters mit Wasserfällen und Seen. Hier machten die Jäger bereits in der Mittelsteinzeit Rast. Wir kehren auf dem gleichen Weg zurück, sind wegen der geringeren Steigung aber etwas schneller. Gehgewohnte Wanderer können hingegen über das Spronser Tal auf dem Weg Nr. 6 in knapp 4 Stunden bis nach Dorf Tirol absteigen.

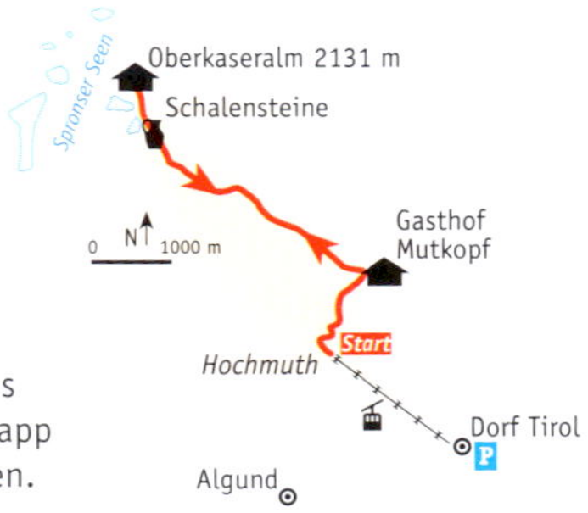

Apropos ...

Die Anfertigung eines Schalensteines ist recht einfach. Mit einem spitzen Stein, der natürlich härter als der zu bearbeitende Fels sein muss, wird auf die gleiche Stelle abwechselnd geschlagen und gerieben. In wenigen Minuten hat man ein 6–7 Zentimeter großes Grübchen, weiß der Archäologe Gianni Rizzi zu berichten. Keinesfalls dürfen derartige Versuche auf bestehenden Schalensteinen vorgenommen werden.

Kurz & bündig

eine „Galerie" an Schalensteinen und Felsbildern direkt am Wanderweg und mit Blick ins Meraner Becken

lange und ansprechende Gebirgswanderung

5½–6 Stunden, 900 Höhenmeter, 14 km

Dorf Tirol, oberhalb Meran, bei der Talstation der Hochmuth-Seilbahn parken.

Hochmuth-Seilbahn: Vom 15. März bis 15. November, 8.30–12 und 13–18 Uhr jede ½ Stunde (von Juli bis September bis 19 Uhr), Tel. 0473 923480, www.seilbahn-hochmuth.it.

Restaurant Mutkopf: Am Waldrand mit großer Aussichtsterrasse, geöffnet von Anfang April bis Anfang November, Tel. 0473 229941, www.talbauer.it.

Oberkaseralm: Bei den Spronser Seen im Herzen der Texelgruppe, gute Tiroler Küche. Geöffnet von Anfang Juni bis Ende Oktober, Tel. 0473 923488.

DIE STEINZEICHNUNGEN UND MENHIRE IM ALGUNDER RAUM

Im Gebiet zwischen Algund und Vellau gibt es zahlreiche Schalensteine. Während einer aussichtsreichen Wanderung, die nur bergab führt, kommen wir an einem der schönsten Exemplare in ganz Südtirol vorbei. In Algund besichtigen wir hingegen die Kopie der berühmten Menhire.

Nicht immer sind auf Schalensteinen nur Grübchen zu finden, oft sind von unseren Vorfahren andere Symbole wie eben auch Kreuze eingeritzt worden. Beim Kreuzstein im Hasental zwischen Vellau und dem Saxnerhof sind es gar 42! Es darf nicht verwundern, dass man zuweilen auch auf Hakenkreuze stößt. Diese haben mit dem Nationalsozialismus natürlich nichts zu tun. Das Hakenkreuz ist ein in der ganzen Welt verbreitetes urgeschichtliches Sonnensymbol. Die ältesten sind 6.000 Jahre alt. Hakenkreuze wurden auch in Felsen bei Kurtatsch und in Pflersch entdeckt.
Der prächtige Kreuzstein, der aus der Bronzezeit stammen könnte, liegt direkt an einem seit Urzeiten begangenen Weg. Eine Theorie besagt, dass die Schalensteine unter anderem als Orientierungshilfe und Kennzeichnung von Wegen dienten und eine Art Landkarte waren, auf denen Quellen oder Bergwerke eingezeichnet waren. Bei unserem Exemplar gibt es keinerlei Anhaltspunkte dafür, dass die eingeritzten Kreuze irgendetwas mit der umliegenden Landschaft zu tun haben. Viel wahrscheinlicher ist, dass dieser Platz mit der herrlichen Aussicht auf den unteren Vinschgau und das Meraner Becken bereits vor Jahrtausenden die Menschen anzog.

Kreuzstein

DIE ALGUNDER MENHIRE

Vor dem Algunder Tourismusbüro stehen Kopien der berühmten Menhire, die beim Mühlbach (unweit des „römischen" Brückenkopfes) zwischen 1932 und 1942 entdeckt wurden. Die vier Steinstatuen stammen aus der mittleren Kupferzeit (2.900–2.500 v. Chr.). Drei stellen Männer und einer eine Frau dar. Besonders prächtig ist die 2,7 m große Männerfigur mit 14 Äxten, 10 Dolchen und einem vierrädrigen, von zwei Ochsen gezogenen Wagen. Der genaue Verwendungszweck der Menhire ist noch nicht restlos geklärt. Die Algunder Steinstatuen standen vermutlich neben anderen in einer Reihe. Vermutlich stellen sie Ahnen einer elitären Oberschicht dar. Die Datierung der Menhire war durch die abgebildeten Waffen möglich. Im Südtiroler Archäologiemuseum sind zwei Originale ausgestellt.

Apropos ...

Im Algunder Raum gibt es weitere seltsame Steinobjekte: die Seelenlöcher. In Gratsch wurde 1957 ein Grab mit Steinumfassung entdeckt, die beiden Seitenplatten weisen jeweils ein kreisrundes Loch auf (eine Platte ist im Südtiroler Archäologiemuseum in Bozen zu sehen). Vielleicht handelt es sich um die Frontplatten von Steinkammergräbern aus dem 4. Jahrtausend v. Chr. Aus diesen Löchern sollte die Seele des Toten entweichen können, meint der Volksmund. Oder waren sie doch eher dafür vorgesehen, dass der Leichenbrand der Toten in das Grab geschüttet werden konnte? Oder sollten vielleicht die Lebenden Opfergaben einbringen können? Ein weiterer Seelenlochstein (oder möglicherweise doch nur ein unfertiger Mühlstein) ist in Algund beim Café Andrea ausgestellt.

VON VELLAU NACH ALGUND 7

Mit dem Sessellift gelangen wir gemütlich von Plars (450 m) nach Vellau (906 m). Der Saxnerweg (Nr. 26a) führt immer bergab zum gleichnamigen Hof. Nach weniger als 30 Minuten stoßen wir auf den Wegweiser „Schalenstein", der von hier nur 10 m entfernt liegt. Entspannt auf einer Bank sitzend, können dieser Fels mit seinen sieben Schalen und immerhin 42 Kreuzen und die herrliche Aussicht bewundert werden. In rund 20 Minuten gelangen wir zum Saxnerhof (🍴) (762 m), wo es neben der Terrasse weitere Schalensteine gibt. Hier wurden auch Spuren einer Siedlung aus der frühen Bronzezeit entdeckt. Nach einem kurzen Stück bergab auf der Asphaltstraße nehmen wir neben einem lieblichen Holzhäuschen den Schlundensteinweg, der früher auch Totengassl genannt wurde, weil hier die Toten von den Bergbauernhöfen zur Bestattung nach Algund gebracht wurden. In 45 Minuten gelangen wir zum Schlundenstein. Der Weg verläuft durch eine von diesem riesigen Felsen gebildete Engstelle. Wenige Meter weiter stoßen wir auf einen länglichen Stein, der wie eine Bank aussieht und auf dem rund 30 Schälchen verewigt worden sind. Wir durchschreiten wieder den Schlundenstein und steigen zum Algunder Waalweg ab, den wir aber nicht nehmen. Wir setzen nämlich unseren Abstieg nach Plars fort und folgen dem Wegweiser „Sessellift", wo wir in rund einer ½ Stunde ab der Steinbank ankommen.

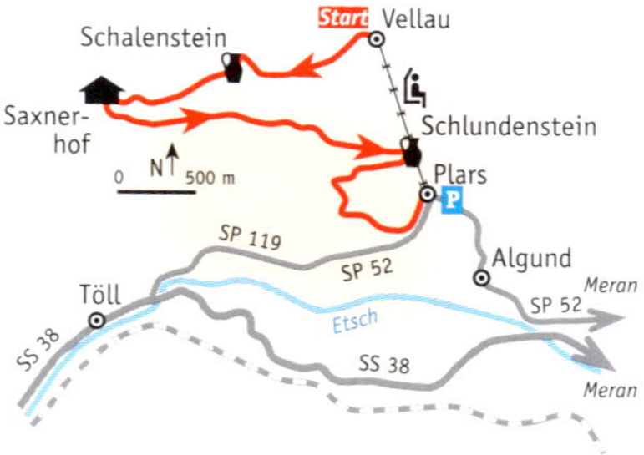

Kurz & bündig

👁 das Mysterium der Schalensteine zum Anfassen

einfache Bergabwanderung

⌛ 2 Stunden, 470 Höhenmeter nur bergab, 6 km

🚌 In Plars oberhalb von Algund beim Sessellift nach Vellau parken.

Sessellift Vellau: Von Mitte März bis Anfang November geöffnet, Tel. 331 2361052.

🍴 **Gasthaus Gasteiger:** Landgasthof bei der Bergstation des Sesselliftes, geöffnet von Palmsonntag bis Mitte November, Tel. 0473 448532.

Jausenstation Saxnerhof: Für eine Jause auf der Aussichtsterrasse, geöffnet von Ostern bis Anfang November, Tel. 0473 448527.

Rätische Inschrift

DIE RÄTER

DAS RÄTSELHAFTE ALPENVOLK

Glaubt man den griechischen und römischen Geschichtsschreibern, dann waren die Räter ein wildes und kriegerisches Alpenvolk. Die Autoren dieser Berichte haben die Räter aber vermutlich nie persönlich zu Gesicht bekommen, sondern haben sich wahrscheinlich schlicht auf Erzählungen Dritter verlassen. Denn in Wirklichkeit dürften die Räter wesentlich friedliebender gewesen sein.
Die Räter zogen nicht – wie oft behauptet – in die Alpen, sondern hatten hier ihre Wurzeln. Die Fritzens-Sanzeno-Kultur, deren Träger sie waren, entwickelte sich um 550 v. Chr. aus der Laugen-Melaun-Kultur (siehe S. 88). Ihr Siedlungsgebiet entsprach im Wesentlichen dem heutigen Nord-, Süd- und Osttirol mit dem Trentino und dem östlichen Unterengadin sowie dem Münstertal. Später breiteten sie sich bis Verona und Como aus. Noch nicht vollständig geklärt ist die Herkunft des Namens. Einige antike Quellen berichten von einem etruskischen Führer Rätus, der sich mit seinen Leuten in die Alpen zurückgezogen haben soll. Es gab aber auch eine Göttin Reitia. Ihr Heiligtum lag in Este bei Padua, für damalige Zeiten aber weit entfernt: deshalb könnte es auch in den Alpen Reitia-Heiligtümer gegeben haben.

Vor dem Museum in Sanzeno

Das Leben in den Siedlungen, die aus rund einem Dutzend, vereinzelt aber auch deutlich mehr Gebäuden bestanden, war jenem in unseren Dörfern vor zwei-, dreihundert Jahren gar nicht so unähnlich. Das Handwerk war bereits vielfältig und gut entwickelt. Die Räter lebten in erster Linie von Viehzucht und Landwirtschaft. In der Nähe der Siedlungen gab es oft Kultstätten. In der Regel handelt es sich um Brandopferplätze, in denen Naturgottheiten verehrt wurden. Die Verstorbenen wurden eingeäschert und in Urnengräbern beigesetzt.

Über die Bewaffnung geben uns Bronzefiguren und andere bildliche Darstellungen Auskunft. Der rätische Krieger trug einen Helm, Brustpanzer, Schienbeinschützer sowie einen Schild und war mit Lanze und Schwert bzw. Axt bewaffnet. Auch hier ist der Einfluss der Etrusker unverkennbar.

Die Räter haben es den Römern nicht einfach gemacht, ihr Gebiet zu unterwerfen. Es gab zwar kein „rätisches Königreich", einen losen Stammesverband aber vermutlich schon. Sie waren in diesen Bergen zu Hause und so den Römern wenn auch nicht zahlenmäßig so doch strategisch überlegen. 107 v. Chr. unternahmen die Römer einen ersten Versuch, die Kontrolle über die Alpentäler zu erlangen. So richtig gelang es ihnen aber erst im Jahr 15 v. Chr. während des Drusus-Feldzuges. Es folgte eine Militärherrschaft, und erst unter Kaiser Claudius 41–54 n. Chr. wurden die Provinzen Raetia und Noricum eingerichtet.

Am Ganglegg

GANGLEGG

WIE DIE RÄTER LEBTEN

Am Ganglegg herrschte einst reges Treiben. Um 100 v. Chr. lebten in der befestigten Siedlung mit Blick auf den oberen Vinschgau rund 300 Personen. Die Bewohner zählten zum Volk der Räter und lebten in einem gewissen Wohlstand. Fast zum Greifen nahe liegt Richtung Glurns der Tartscher Bühel, der in der Eisenzeit mit seinen etwa 1.600 Einwohnern eine richtige „Metropole" war. Die zahlreichen Mauerreste und die nachgebauten Häuser machen den Besuch der beiden Ausgrabungsstätten zu einer anschaulichen Reise in die Zeit der Räter.

Auf der Anhöhe des Gangleggs befand sich einst – vor mehr als 2.000 Jahren – ein richtiges Dorf. Einige recht kleine Gebäude standen dort Wand an Wand. Im Laufe des 1. Jh. v. Chr. setzte sich langsam das größere Langhaus mit mehreren kleinen Zimmern durch. Hier wohnten ganze Familien unter einem Dach. Den „Gangleggern" dürfte es recht gut gegangen sein. Sie liebten Schmuck aus verschiedensten Materialien wie Bronze, Koralle und Elfenbein. Bereits damals gab es Modetrends. So wurden die farbigen, keltischen Glasarmringe dem Geschmack der einheimischen Bevölkerung angepasst. Die Räter des Gangleggs standen mit den Kelten im Norden und den Etruskern im Süden sicherlich in regem Handel, was auch ihren Reichtum erklären dürfte. Der Weg durch den Vinschgau über den Reschenpass war seit Urzeiten eine wichtige Verkehrs- und Handelsverbindung. Später, im 1. Jh. n. Chr., führte hier die berühmte Römerstraße *Via Claudia Augusta* vorbei, die die Adria mit *Augusta Vindelicorum* (Augsburg) verband.

Das Ganglegg war bereits seit der Kupferzeit bewohnt, eine richtige Siedlung wurde hier in der Bronzezeit um 1.500 v. Chr. errichtet, aber dann wieder verlassen. Der Mensch kehrte so über die Jahrtausende immer wieder auf diese vorgelagerte Anhöhe über dem weiten Tal zurück. Dass die Vorfahren der Vinschger allerdings nicht nur Freunde hatten, belegt die imposante Befestigungsanlage, die noch heute am Ganglegg zu sehen ist. Es ist deshalb verwunderlich, dass ihre Nachbarn am Tartscher Bühel scheinbar keine Verteidigungsmauer hatten. Das auf einem kleinen Hügel am Talboden gelegene Städtchen, in dem im 2. Jh. v. Chr. bis zu 1.600 Menschen lebten, war so feindlichen Angriffen wehrlos ausgeliefert.

Eingang eines rätischen Hauses

DIE RÄTER – BAUERN, KAUFLEUTE UND KRIEGER

Die Bewohner des Gangleggs lebten von der Viehzucht und dem Ackerbau. Die verschiedenen Getreidesorten und Bohnen lagerten sie sorgfältig getrennt in einem Holzverschlag. Das Vieh, vor allem Ziegen und Schafe, wurde im Sommer auf die Almen getrieben, so wie es die Bauern noch heute machen, weil dort die Wiesen besonders grün und saftig sind. Die „Ganglegger" waren aber auch sehr raffiniert und hatten eine Schwäche für schöne Dinge. Das Gewand wurde mit hübschen Fibeln zusammengehalten. Die Frauen liebten Armreifen und aufwendige Halsketten, auch die Männer trugen am Oberarm spiralenförmige Reifen mit Schlangenköpfen an beiden Enden. Bronze wurde direkt am Ganglegg vom Dorfschmied verarbeitet. Die Räter waren aber auch ein kriegerisches Volk, wie einige Darstellungen belegen. Helm, Schild und Dolch gehörten zu ihrer Ausrüstung. Auch bei den Waffen vermischten sich die Einflüsse der Etrusker im Süden und der Kelten im Norden. Besonders wertvoll ist der sogenannte Negauerhelm aus Bronze, der im Saldurbach gefunden wurde und vielleicht vom Ganglegg stammt. Eine Kopie ist im Südtiroler Archäologiemuseum in Bozen ausgestellt. Am Ganglegg gab es auch ein Dorfheiligtum. Dieses befand sich am Hahenhütterbödele, einer talwärts liegenden, kleinen Kuppe, wo auch Opfer (Getreide und Tiere) dargebracht wurden.

Ausgrabungen am Tartscher Bühel

Apropos ...

Als Gangl wird in der lokalen Mundart die gemauerte Umfriedung für das Vieh bezeichnet. Reste sind noch heute zu sehen. Vermutlich haben die Bauern immer wieder Steine von der einstigen Siedlung und von der Befestigungsmauer verwendet, um die Gehege für ihre Tiere zu errichten. Sie wussten sicherlich nichts von der Bedeutung dieses geschichtsträchtigen Ortes.

VON SCHLUDERNS AUF DAS GANGLEGG UND ZUM TARTSCHER BÜHEL 1

Bevor wir uns auf den Weg machen, besuchen wir das Vintschger Museum mit seiner interessanten und anschaulichen archäologischen Bereich zur Siedlungsgeschichte des Gangleggs. Die Wanderung startet hinter dem Museum (922 m) und führt ein Stück den Saldurbach hinauf. Dabei kommen wir auch am netten Wasser-Lehrpfad „Quairwaal" vorbei. Bei der Brücke folgen wir dem Wegweiser zum Ganglegg. In Serpentinen geht es rund 100 Höhenmeter hinauf zum einstigen Siedlungsplatz. Unterwegs können wir einen Blick auf den mächtigen Ortler werfen. Am Ganglegg (1.125 m; 45 Minuten ab Start) wartet in einer herrlichen Position ein eindrucksvoller archäologischer Park auf uns. Zu sehen sind die wertvollen Reste von Gebäuden und Befestigungsanlagen mit anschaulichen Info-Tafeln. Außerdem wurden zwei Häuser rekonstruiert, um eine möglichst realistische Vorstellung zu vermitteln. Wer schon müde ist, steigt in 45 Minuten über den Kalvarienberg nach Schluderns ab (Wegweiser Mals und nach 100 m links bergab nach Schluderns).

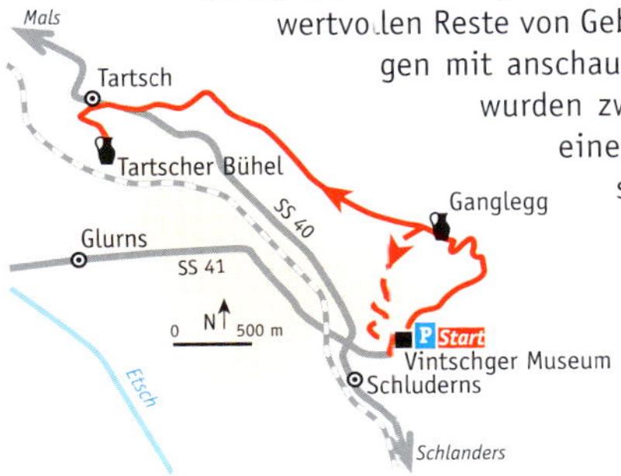

Lohnend ist auf jeden Fall der Abstecher zum Tartscher Bühel (1.076 m). Über den Sonnensteig geht es vom Ganglegg in rund 1¼ Stunden dorthin. In 15 Minuten gelangen wird dann zum Bahnhof Mals und fahren gemütlich mit der Vinschger Bahn zurück nach Schluderns.

Kurz & bündig

die Reste einer rätischen Siedlung am Ganglegg mit nachgebauten Häusern

aussichtsreiche Wanderung zu einer bedeutenden archäologischen Fundstätte mit ev. Abstecher zum Tartscher Bühel

1½ Stunden, 220 Höhenmeter, 4 km von Schluderns zum Ganglegg und retour (2¼ Stunden Gesamtgehzeit mit Abstecher zum Tartscher Bühel und weiter bis Bahnhof Mals. Die Vinschger Bahn fährt im Halbstundentakt.)

von Meran bzw. vom Reschenpass nach Schluderns im Vinschgau, Parkplatz hinter dem Vintschger Museum

Vintschger Museum: in Schluderns. Tel. 0473 615590, vintschgermuseum@rolmail.net

Ganzjährig geöffnet; April bis Oktober: Di–So 10–12 und 15–18 Uhr; November bis März: Di–Sa 10–12 Uhr.

Hotel-Restaurant Alte Mühle: in Schluderns. Vinschger Gerichte und am Abend auch Pizza, Mo Ruhetag. Tel. 0473 615238, www.hotel-alte-muehle.com

So wohnten die „Ganglegger"

Modell eines rätischen Hauses

BURGSTALL BEI RIFFIAN

DAS RÄTISCHE HAUS

Der rätische Weiler Burgstall liegt in einem schattigen Wald oberhalb von Riffian. Hier wurden die Reste eines Hauses freigelegt. Stimmungsvoll wie dieser Ort ist die Wanderung, die uns auf einem gemütlichen Waalweg dorthin führt. Der Blick schweift über die Obstwiesen des Passeiertales hinüber nach Schenna mit dem markanten Mausoleum Erzherzog Johanns und dem Schloss.

Um diesen geheimnisvollen Ort rankte sich einst eine Sage. „Gestalten mit glitzernden Gewändern" seien hier des Öfteren gesehen worden, hieß es. So machte sich um 1910 ein Knecht des Innermoarhofes auf, um nach verborgenen Schätzen zu suchen. Anstelle von Gold und Edelsteinen fand er „nur" alte Mauerreste. Für ihn waren sie wertlos, für Archäologen aber ein wahrer Schatz. Auf dieser Moränenkuppe stand zur Zeit der Räter (4.–1. Jh. v. Chr.) rund ein Dutzend Häuser. Die Reste eines dieser Gebäude – mit 8 x 6 m recht groß – wurden freigelegt und können besichtigt werden. Wo die anderen Häuser standen, kann man erahnen, da es in der näheren Umgebung mehrere leichte Wellen im Erdreich gibt. Weitere Mauerreste sind sichtbar. Sie stammen nicht von einer Zisterne, wie die Forscher anfangs dachten, sondern sind der Eingang eines eingestürzten Hauses.

Das rätische Haus sieht den Blockhütten, wie es sie heute auf den Almen gibt, sehr ähnlich. Das untere Stockwerk war gemauert und in den Hang hineingebaut, während das Obergeschoss aus Holz bzw. aus mit Lehm verputzten Flechtwänden gefertigt war. Die Innenwände waren teils mit Lehm verputzt, die Räume hatten einen Holzboden oder gar eine Bohlentäfelung. Markenzeichen dieser

Häuser war der gewinkelte, eingetiefte Zugang, der als Windfang diente. Im Eingangsbereich wurde ein Stein mit eingemeißelten Schriftzeichen entdeckt. Es dürfte sich dabei um eine Art Namensschild bzw. Hausnummer handeln, ähnlich wie wir sie kennen.
Weitere Fundstücke geben Auskunft über das Leben am Burgstall. Ein Rebmesser belegt, dass auf diesem Hügel, der mittlerweile vom Wald gänzlich in Besitz genommen worden ist, einst auch Weinbau betrieben wurde. Das Hauptanbaugebiet des rätischen Weines, der von den Römern sehr geschätzt wurde, lag im Etschtal. Die Besonderheit war, dass er in Holzfässern und nicht in Tonkrügen oder Schläuchen, wie damals noch üblich, aufbewahrt wurde. Am Burgstall dürften die Räter außerdem Getreide angebaut haben. Dieses wurde in einer Balkenhandmühle verarbeitet, die hier entdeckt wurde. Ein großer, flacher Stein wurde mit einem langen Hebel auf einem zweiten hin und her gerieben.
Die Siedlung ist vermutlich durch einen Brand vernichtet worden. Sie könnte 15 v. Chr. von den Römern heimgesucht worden sein. Drusus, der Stiefsohn von Kaiser Augustus, führte damals einen Feldzug zur Niederschlagung der Räter an. Seither hat sich niemand mehr auf dem Burgstall niedergelassen.

Mauerreste eines rätischen Hauses

Apropos ...

Auch die Räter hatten Angst vor unerwünschten Gästen und schützten ihr Hab und Gut. Deshalb hatten ihre Häuser sogar Türschlösser, d. h. vielmehr einen Riegel, der mit einem mehrmals gebogenen Haken durch einen Schlitz in der Tür zur Seite geschoben wurde. War der Haken nicht richtig gebogen, fuhr dieser ins Leere und die Tür blieb verschlossen.

VON RIFFIAN NACH BURGSTALL 9

In Riffian (500 m) nehmen wir die Hohlgasse, die steil bergauf zum Riffianer Waalweg führt. Einmal dort angekommen, geht es Richtung Saltaus in angenehmem Auf und Ab im Wald dahin (zuerst am Waalweg und dann am Rösselsteig Nr. 5a). Nach 1¼ Stunden kommen wir zum Außerhocheggerkreuz, kurz vor der Straße nach Vernuer, von wo wir in 5 Minuten zum Burgstall (630 m) absteigen. Weiter geht es am Rösslsteig Richtung Saltaus. Wenige Meter müssen auf der Straße bergauf bewältigt werden, dann geht es in 40 Minuten auf einem hübschen Weg nach Saltaus (499 m). An der Talstation der Hirzer-Seilbahn vorbei überqueren wir dann die Passer. In wenigen Minuten gelangen wir zum Torgglerhof (🍴). Am malerischen Maiser Waalweg geht es neben dem Wasser dahin. Nach einer kleinen Holzbrücke folgen wir dem Wegweiser Riffian und überqueren dann wieder die Passer. Bevor wir wieder am Ausgangspunkt sind, müssen wir noch einmal eine kurze Steigung bewältigen, die uns vom Passerradweg ins Dorf bringt.

Kurz & bündig

👁 Reste einer rätischen Siedlung
einfache, wenn auch etwas lange Rundwanderung mit Abkürzungsmöglichkeiten; am schönsten im Frühling und Herbst
⌛ 4 Stunden, 350 Höhenmeter, 11 km

Von Meran kommend, am Dorfeingang von Riffian parken.
🍴 **Torgglerhof:** Kinderfreundliches Hotel-Restaurant-Café am Maiser Waalweg bei Saltaus, geöffnet von Ostern bis Anfang November, Tel. 0473 645433, www.torgglerhof.it.

Blick in das Passeiertal

Das rätische Museum

SANZENO IM TRENTINO

DIE RÄTISCHE SCHRIFT

Sanzeno im Trentiner Nonstal ist ein kleiner, verträumter Ort, der wegen seiner archäologischen Bedeutung in der ganzen Welt bekannt ist. Die Räter legten hier eine aus wirtschaftlicher und kultureller Hinsicht bedeutende Siedlung an. Ein Museum erzählt anschaulich von diesem Volk. Eine Rundwanderung zum Wallfahrtsort von San Romedio führt uns hingegen durch einen beeindruckenden Canyon.

Das Nonstal kann auf eine jahrtausendealte Siedlungsgeschichte verweisen. Zwischen dem 6. Jh. v. Chr. bis zur römischen Unterwerfung lebten hier die Räter. Wie bedeutend Sanzeno einst war, belegt die Tatsache, dass die Fritzens-Sanzeno-Kultur nach einem Tiroler und diesem Trentiner Ort benannt wurde. Auch spricht man von der rätischen Schrift „Bozen/Sanzeno". Der erste archäologische Fund wurde 1846 getätigt, als eine kleine Bronzestatue ans Tageslicht kam, die einen Kriegsgott darstellt und eine rätische Votivschrift aufweist.
Die Schrift der Räter bereitet den Archäologen viel Kopfzerbrechen. Sie dürfte um 500 v. Chr. über die Etrusker, mit denen die Räter Handelskontakte pflegten, aus dem Mittelmeerraum in die Alpen gelangt sein. Einen wichtigen Hinweis liefert Plinius der Jüngere: Der Schriftsteller (1.–2. Jh. n. Chr) hatte am Markt in Como vermutlich noch Räter sprechen gehört. Er berichtet, dass es sich um eine dem Etruskischen verwandte Sprache handle. Darauf deutet auch die Schrift hin, die jener der Etrusker ähnelt. Die Schrift wurde vorwiegend für kultische Zwecke verwendet. Die überlieferten Texte sind sehr kurz und weisen keine Worttrennung auf, was ihr Entschlüsseln noch schwieriger macht. Da es viele verschiedene Varianten gibt, haben die Forscher die rätische

Schrift in vier große Gruppen zusammengefasst: Lugano, Sondrio, Magrè und eben Bozen/Sanzeno. Geschrieben wurde von rechts nach links vor allem auf Votivgaben, wie kleinen Knochen und Holzstäbchen. Vermutlich konnten nur wenige Personen, etwa Priester, schreiben und lesen.

Apropos ...

Neben dem Rufnamen hatten die Räter einen Vatersnamen (Patronym), an den bei Männern das Suffix *-nu* und bei Frauen *-na* angehängt wurde. Diese Form der Namensgebung ist noch lange erhalten geblieben, denn auf römischen Grabsteinen im Trentino findet sich die Namensendung *-no*, die rätischen Ursprungs sein dürfte.

Kurz & bündig

Besuch des rätischen Museums und Ausflug zur Einsiedelei von San Romedio

völlig problemlose Rundwanderung, teilweise durch einen eindrucksvollen Canyon

2½–3 Stunden, 260 Höhenmeter, 9 km

Über den Mendelpass bzw. Mezzocorona durch das Nonstal bis Sanzeno. Das Museum steht am Nordrand der Ortschaft (Parkplatz).

Rätisches Museum:
via Nazionale 50, Sanzeno (TN), Tel. 0463 434125

Öffnungszeiten: Juli und August Di–So 10–18 Uhr, das restliche Jahr Sa, So und Feiertage 14–17 Uhr

Agritur Agostini:
Nonstaler Spezialitäten, das ganze Jahr geöffnet, Mo Ruhetag. Via Santuario 25 in Tavon, Tel. 0463 536454, www.agritur-agostini.it

Auf dem Weg nach San Romedio

VON SANZENO ZUR EINSIEDELEI VON SAN ROMEDIO 18

Wir starten direkt vom rätischen Museum (650 m), überqueren die Staatsstraße und folgen dem Wegweiser „Percorso S. Romedio“. Der Weg verläuft durch eine schmale Schlucht teilweise auf Holzbrücken in schwindelerregender Höhe an der Felswand entlang, wo einst ein Aquädukt verlief. Nach rund 50 Minuten kommen wir zur Einsiedelei von San Romedio (732 m), die auf einem gewaltigen Felssporn steht. Berühmt ist dieser Ort vor allem wegen der Bären, die in einem großen Gehege gehalten werden. Bemerkenswert ist auch der Wallfahrtsort: Gleich mehrere Kirchen und Kapellen sind übereinander gebaut und über eine lange Treppe zu erreichen. Hier liegt der hl. Romedius begraben. Der Eremit lebte zwischen dem 10. und 11. Jh. und stammte von einem Tiroler Adelsgeschlecht auf Schloss Thaur ab. Laut einer Legende ist er auf einem von ihm gezähmten Bären zu Bischof Vigilius nach Trient geritten, nachdem das Tier sein Pferd gerissen hatte.

San Romedio

Von hier gelangen wir auf dem Weg Nr. 553 zum Sattel Doss Canestrini. Wer will, macht einen Abstecher zu den Seen von Tavon und Coredo. Wir gehen weiter ins Dorf Tavon (856 m) und zum Buschenschank und Reitstall Agritur Agostini (🍴) (eine knappe Stunde ab San Romedio). Von der Kirche geht es weiter Richtung Friedhof (rot-weiße Markierung). Bei einem Bauernhof in der Kurve nehmen wir rechts die Asphaltstraße, die wir bald wieder verlassen, um rechts auf einer Schotterstraße bergab zu gehen. Nach etwa einer Stunde erreichen wir den Ausgangspunkt.

RÄTISCHES MUSEUM

Das Museo Retico im Weiler Casalini, nördlich von Sanzeno, ist diesem interessanten Alpenvolk gewidmet. Auf anschauliche und verständliche Weise wird hier das Leben der Räter vermittelt. Einblick erhält der Besucher nicht nur in die Kultur, sondern auch das Handwerk, die Landwirtschaft und die Gottheiten.

Römische Gewandspangen

DIE RÖMER KOMMEN IN DIE ALPEN

Organisation und Verwaltung des Territoriums, Intensivierung und Verbesserung des Straßennetzes, Handel und Tausch im großen Maßstab, neue Gottheiten, neue Lebensweisen und neue Gebräuche: So wird der Alpenraum romanisiert. Für den Beginn der Römerzeit in dieser Region gibt es kein exaktes Datum, sicher ist nur, dass es spätestens seit dem 2. Jh. v. Ch. Kontakte zwischen Rom und der hiesigen Bevölkerung gab. Mit der Ausbreitung des römischen Reiches auch jenseits der Alpen kam die Notwendigkeit, die Hauptverkehrsrouten und vor allem die Pässe zu kontrollieren. In den Jahren 16 und 15 v. Chr. wurde durch die „rätischen Kriege" endgültig die Kontrolle über den Vinschgau, das Etschtal und das Eisacktal errungen. Das Pustertal hingegen ging friedlich an die Römer über.

In dieser Epoche ist unser Territorium in Regionen und Provinzen unterteilt: Die *Regio Venetia et Histria* umfasste einen großen Teil des heutigen Trentino-Südtirol, bis zum unteren Eisacktal und bis nach Meran; *Raetia* hatte als Hauptstadt *Augusta Vindelicorum* (das heutige Augsburg) und reichte von den Alpen bis zur Donau (dieser Provinz wurde der Vinschgau zugeteilt). Die Provinz *Noricum* mit *Virunum* in Kärnten umfasste den Nordosten des heutigen Österreich, vom Inntal bis fast nach Wien, dazu zählten auch das Pustertal und das restliche Eisacktal.

Die besiedelten Gebiete in der Römerzeit waren vor allem Talsohlen bzw. lagen an den Ufern von Flüssen. Ihre Lage stimmt häufig mit heutigen Ortschaften überein. Es gab u. a. schon Häuser in Bozen-Gries, Brixen-Stufles, Neumarkt, Elvas, Welsberg, St. Lorenzen und Villanders. In der Römerzeit war *Tridentum*, das heutige Trient, die einzige Stadt in unserer Region.
Mit der Ankunft der Römer verliert der Tauschhandel an Bedeutung, es kommt der Geldhandel auf. Die Münzen aus Kupfer, Silber und Gold sind im ganzen Reich gültiges Zahlungsmittel, fast so wie heute der Euro, und stellen einen epochalen Wandel in der Art und Weise, Handel zu treiben, dar. Was die Sprache betrifft, so bestehen lange Zeit die regionalen Dialekte neben der offiziellen lateinischen Sprache. Ein schönes Beispiel dafür liefert eine Inschrift von Monte San Martino beim Gardasee, die im lokalen Dialekt, aber mit lateinischer Schrift verfasst wurde.
Ab dem Ende des 3. Jh. n. Chr. wird die Region von gefährlichen Einfällen der Germanen heimgesucht. Für die lokale Bevölkerung sind die friedlichen Zeiten nur noch eine blasse Erinnerung. Bewohnte Zentren wie Innichen, *Sebatum* und Stufles werden immer wieder angegriffen und teilweise auch zerstört. Die Bevölkerung dieser Ortschaften zieht sich in sichere Dörfer hoch oben auf den Hängen und Hügeln zurück.

Der archäologische Lehrpfad

DIE STRASSENSTATION VON SEBATUM

Das Gebiet von St. Lorenzen ist wie ein Fenster in die Vergangenheit. Von der Steinzeit bis zur Römerzeit war dieser Landstrich stets besiedelt, das belegen unzählige, teilweise prächtige Fundstücke, die manchmal auch nur zufällig entdeckt wurden. Der archäologische Lehrpfad des Sonnenburger Kopfes ist eine interessante Reise in die Geschichte, geeignet für die ganze Familie.

Das antike *Sebatum* war eine wichtige römische Straßenstation, dort, wo heute St. Lorenzen (845 m) liegt, die Ortschaft vor den Toren Brunecks im Pustertal. So wie es heute entlang der Autobahnen Raststätten und Tankstellen gibt, so befanden sich entlang der antiken römischen Straßen auch Orte, an denen man sich stärken und die Pferde wechseln konnte. Genau zu diesem Zweck entstand auf der Pustertaler Straße die Station Sebatum, zunächst aus einigen wenigen Häusern bestehend. Doch aufgrund ihrer besonderen Lage wurden es immer mehr und schließlich entstand eine veritable Siedlung. Hier fanden die Reisenden ein lebendiges Zentrum vor, mit einem öffentlichen Markt, zahlreichen Läden und sogar Thermen. Noch heute kann man die Überreste dieser Einrichtungen sehen. Die römische Station befindet sich unmittelbar bei der heutigen Pustertaler Staatsstraße, direkt am Fuße des Sonnenburger Kopfes. Hier stoßen wir auf die Reste eines imposanten Gebäudes mit fast 70 Metern Länge. Der öffentliche Markt weist auf einer Seite eine halbkreisförmige Einbuchtung auf, bis heute ist deren Funktion nicht ganz geklärt. Manche Experten meinen, es handle sich um den Haupteingang zum Markt, andere wieder sprechen bloß von einer ornamentalen Funktion. Die Reste der Thermen befinden sich am anderen Ufer der Rienz nahe der Abzweigung der Straße nach St. Lorenzen. Bei der Abzweigung der SS49 nach Sonnenburg befindet sich auch ein Meilenstein (siehe S. 159).

DER LEHRPFAD AM SONNENBURGER KOPF 36

Der in die Natur eingebettete archäologische Lehrpfad führt durch einen wunderschönen Wald und liefert Informationen über alle Siedlungsepochen dieser Gegend. Die 11 Schautafeln sind verschiedenen Themen gewidmet. „Zum Angreifen" sind die Schalensteine und eine Quelle, die einst als heiliger Ort verehrt wurde. Die Kultstätte befand sich auf der Kuppenhöhe. Wir sehen auch die Überreste eines Hauses aus der Eisenzeit, außerdem Mauerreste eines wahrscheinlich römischen Gebäudes und einen Verteidigungswall (als die Überfälle der Barbaren drohten, zogen sich die Bewohner von Sebatum auf diese Anhöhe zurück und waren hier sicherer als im Tal unten). Andere Stationen sind hingegen historischen Stätten gewidmet, die vom Lehrpfad aus im Tal und auf den Hügel- und Bergketten in einiger Entfernung zu sehen sind: die römische Station Sebatum, das Gräberfeld, die Sonnenburg und die Lorenzner Wallburgen. Der Weg schließt sich im Kreis, man kann ihn daher in beide Richtungen begehen. Wir empfehlen, ihn auf der Seite der Sonnenburg zu beginnen und ihn dann auf der Forststraße, die ein wenig oberhalb der 11. Station vorbeiführt, zu beenden. Auf diese Weise vermeidet man die stark befahrene Staatsstraße. Zur römischen Straßenstation, die direkt bei der Pustertaler Staatsstraße liegt, kann man auch direkt mit dem Auto gelangen.

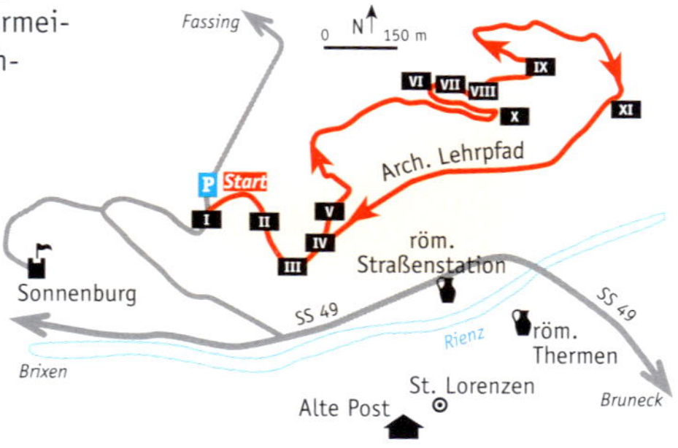

Apropos ...

Bäche, Seen und Moore waren in prähistorischen Zeiten – und vor allem in der Bronze- und Eisenzeit – Gegenstand kultischer Verehrung. Unsere Vorfahren opferten hier Ringe, Halsketten, Bronzegürtel, Äxte und Schwerter. Solche Gegenstände findet man bei Ausgrabungen immer wieder in großer Zahl in der Nähe

von Quellen. Auch in der Umgebung der Sonnenburg wurden gut hundert solcher Stücke aus Bronze und Eisen – so auch das berühmte Lothener Blech – gefunden, sie dürften mit der heilenden Wirkung einer Quelle zusammenhängen. Auf einem Gürtel sind ein Hirsch und ein Hirschkalb dargestellt, er befindet sich heute im Südtiroler Archäologiemuseum in Bozen.

FUNDE AUS DER KUPFERZEIT

Auf dem Hügel der Sonnenburg wurde ein kleines „Arsenal" gefunden, bestehend aus kupferzeitlichen Steingeräten: Beile verschiedener Formen und Größen und eine Lanzenspitze sowie ein Wetzstein. Das Depot ist insofern einzigartig, als die Geräte ungebraucht sind. Diese wunderschönen Fundstücke können im Südtiroler Archäologiemuseum in Bozen bewundert werden.

Kurz & bündig

interessanter archäologischer Lehrpfad mit Besuch der römischen Straßenstation Sebatum

leichte Rundwanderung am Sonnenburger Kopf

1½ Stunden, 110 Höhenmeter, 4 km

Bei der Sonnenburg Abzweigung Richtung Fassing nehmen, nach einer Linkskurve der Beschilderung „archäologischer Lehrpfad" folgen. Einfach am Straßenrand parken. (Man kann den Lehrpfad auch in St. Lorenzen beginnen, in der Nähe der Brücke der Staatsstraße über die Rienz.)

Antiquarium: Ein kleines Museum mit Exponaten, die in der Gegend von St. Lorenzen gefunden wurden (von der Mittelsteinzeit bis zur Spätantike). Es befindet sich im neuen Rathaus von St. Lorenzen am Franz-Hellweger-Platz 2, Tel. 0474 474092, www.sebatum.it.

Mo–Fr 8–12.30

Alte Post: Gaststätte seit 1630, Tiroler Spezialitäten, im Zentrum von St. Lorenzen, Franz-Hellweger-Platz 1, Mo Ruhetag, Tel. 0474 474801, www.altepost.it

Die Thermen von Aguntum

DIE RÖMISCHE STADT *AGUNTUM* IN TIROL

Heute ist ein besonderer Tag: Publius Cornelius Crispinus, Mitglied der Leibgarde von Kaiser Antonius Pius, hat den wohlverdienten Ruhestand angetreten. Es ist der 15. Februar des Jahres 150 n. Chr. Der Prätorianer kehrt nach 16 Jahren im Dienst des Kaisers nach Hause zurück. So ist es dem Militärdiplom zu entnehmen, einem der vielen wertvollen Exponate des Museums von Aguntum, das keine 5 km von Lienz im österreichischen Osttirol liegt. Im archäologischen Park sind die alten Gemäuer der Thermen und die Häuser der Römer zu bewundern.

Aguntum lag in römischer Zeit an einer strategischen Stelle und war seinerzeit ein florierendes Handelszentrum. Die Thermen und die zahlreichen Häuser sind reich verziert mit Marmor und kostbaren Mosaiken. Für den Leibwächter Publius Cornelius Crispinus ist es ein Festtag. Die Schrifttafel, die er stolz in Händen hält, sichert ihm nicht nur den Respekt der Bürger, sondern verleiht ihm auch zahlreiche Privilegien. Nun darf er die Frau heiraten, die er so sehr liebt, er genießt ab sofort auch das römische Bürgerrecht (*Civis Romanus*), das seine Kinder ebenfalls erben werden. Oft erhalten die Veteranen auch eine Art Alterspension in Form eines Landstückes oder einer schönen Geldsumme. Wer nach der ehrenhaften Entlassung aus dem Militärdienst in seine Heimat zurückkehrt, erhält auch im Ruhestand eine wichtige Funktion: Durch ihn verbreitet sich die römische Kultur im gesamten Imperium, auch in den Gegenden, die fernab vom schillernden Rom liegen.

Aguntum war Teil der Provinz *Noricum* und erlebte ihre Blütezeit im 1. und 2. Jh. n. Chr. Das Städtchen verdankte seinen Reichtum auch der geradezu strategischen Position an mehreren wichtigen Verkehrsverbindungen. Kupfer, Holz, Bergkristall, Milch und Käse waren nur einige der Exportprodukte. Aus Italien ließen die Bewohner Keramik, Glasobjekte, Wein und Rosinen kommen. Einen Beweis dafür, dass der Transport schon damals sehr schnell funktionierte, liefern die Austern, die es hier gab! Es fehlte wahrlich an nichts in *Aguntum*: Pfeffer aus Indien, Weihrauch aus Arabien, Datteln aus Palästina und Marmor aus Griechenland. *Aguntum* hatte auch Handelskontakte mit *Aquileia* an der nördlichen Adria. Das Pustertal verband den Brenner mit den westlichen Voralpen, während der Iselsberg und der Großglockner-Pass nach Salzburg, das römische *Iuvavum*, führten.

DAS MUSEUM

Um ganz in die faszinierende Welt der Römer einzutauchen, braucht man nur das Museum von *Aguntum* zu betreten. Verschiedene Ausstellungsthemen führen uns in das Leben dieser römischen Provinz ein. In den Schaukästen sehen wir Gegenstände des täglichen Bedarfs, wie Kleidung, Küchengeräte (sehr interessant die antiken Rezepte!), Kosmetika, Schmuck, Handelswaren, Kunsthandwerk und religiöse Objekte. Die Erläuterungen liefern allerlei Wissenswertes, etwa warum der Schädel eines Bären unter den Thermen begraben wurde: offenbar um das Böse zu besiegen und um die Kraft des Tieres auf das Haus zu übertragen. Die Römer kannten auch schon die Fußbodenheizung, wie sie überhaupt bereits große Ingenieursleistungen vollbrachten, davon zeugen noch heute die Bleirohre, mit denen das Regenwasser abgeleitet wurde. Das Museum verfügt auch über didaktisches Material für Kinder, so können sie beispielsweise – als Römer verkleidet – die Modetrends der Zeit nachstellen.

Einer der Schätze des Museums

DER ARCHÄOLOGIEPARK

Von einem eigens dafür errichteten hohen Turm aus bewundern wir die Ausgrabungen und genießen das herrliche Panorama über die ganze römische Stadt, vor allem die prunkvollen Thermen sind beeindruckend. Sie sind ein Beweis dafür, dass die Bevölkerung von *Aguntum* sehr wohlhabend war und belegen den Luxus, den die Bürger hier genossen. Am Ausgrabungsgelände wurden auch die Überreste des Atriumhauses gefunden, ein Gebäude, dessen Errichtung sehr kostspielig gewesen sein muss und das sicher hohen Repräsentationsaufgaben diente. Es handelt sich – zumindest für die Alpenregion – um eine Rarität, denn es ist so wie die Häuser an den Hängen des Vesuvs aufgebaut und entsprach sicher nicht dem rauen Klima Tirols. Überall kostbarer Marmor, auch die Eingangsstufen, die Säulen und die Becken des Atriums waren daraus gefertigt. Das wertvolle Becken gibt es übrigens im Museumsgebäude zu sehen. Da das Dach an der Stelle offen war, fing das Becken das Regenwasser auf … und im Winter den Schnee! Ebenfalls ausgegraben wurden die Stadtmauer und das kleine Handwerkerviertel.

Apropos …

Wie im gesamten Reich galt auch in *Aguntum* das Preisedikt von Kaiser Diokletian, herausgegeben 301 n. Chr. Auch gab es im alten Rom bereits eine galoppierende Inflation, und so wurden Strategien ergriffen, um diese zu bremsen. Es wurden Höchstpreise für bestimmte Produkte und Dienstleistungen festgelegt. Wir wissen etwa, dass ein Löwe für das Amphitheater so viel wie 5 Sklaven kostete, und eine schöne Frisur war zwei Eier wert.

Im Archäologiepark

Schädel eines Bären

RUND UM DEN TRISTACHER SEE 46

Der Tristacher See (821 m) ist ein hübscher See, der etwa 4 km von Lienz entfernt zwischen steilen Berghängen liegt. Hier kann man im Sommer nach dem Besuch der Ausgrabungsstätte ins kühle Nass eintauchen. Entspannung bietet auch der Rundweg um den See, den man mühelos in einer ½ Stunde bewältigen kann.

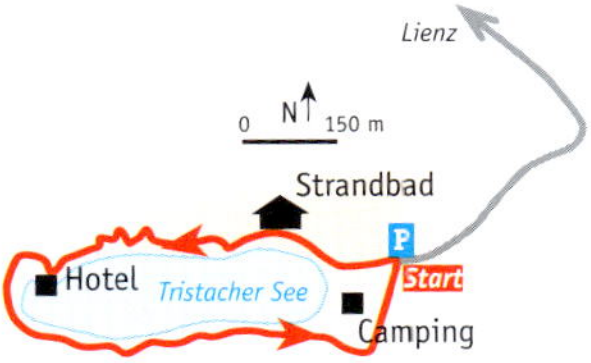

Kurz & bündig

Museum und archäologischer Park des einst blühenden, römischen Städtchens *Aguntum*

leichter Spaziergang rund um den **Tristacher See**

½ Stunde, kein Höhenunterschied, 1,3 km

Von der österreichisch-italienischen Staatsgrenze von Winnebach rund 40 km bis Lienz in Osttirol (A). Die Ausgrabungen von *Aguntum* befinden sich 4,5 km östlich von Lienz nahe der Ortschaft Dölsach, direkt an der Drautal-Bundesstraße B100. Geräumiger Parkplatz.
Der Tristacher See liegt keine 10 km von *Aguntum* entfernt. An der Osteinfahrt von Lienz nach links Richtung Süden, den Wegweisern zum See folgen.

Museum und archäologischer Park: Dölsach in Osttirol (A), Tel. +43 (0)4852 61550, www.aguntum.info

Geöffnet vom 12. April bis 31. Mai täglich 9.30–16 Uhr, 1. Juni bis 14. September täglich 9.30–18 Uhr, 15. September bis 26. Oktober täglich 9.30–16 Uhr.

Imbiss-Stände beim Museum und am Ufer des Tristacher Sees

DAS RÖMISCHE HEILIGTUM VON MONTE SAN MARTINO IM TRENTINO

Ausgrabungen

Den Erzählungen der alten Einheimischen nach gab es hier, am Monte San Martino in der Nähe des Gardasees, ein antikes Dorf. Und tatsächlich wurden nach einigen Funden systematische Grabungen durchgeführt. Man fand eine Siedlung, die in der Römerzeit über ein beeindruckendes Heiligtum verfügte, das weiblichen Gottheiten geweiht war. Diese interessanten Stätten können wir bei einem kurzen Spaziergang besuchen.

Am Monte San Martino, oberhalb des Dorfes Campi, stieß man auf Amphoren, in denen verschiedene Lebensmittel und Flüssigkeiten transportiert und aufbewahrt wurden. Diese Gefäße stammen auch aus dem Mittelmeerraum. Funde von Keramik sogar aus Afrika bezeugen die Wichtigkeit dieser Siedlung im überregionalen Handel. Freilich lag Monte San Martino, in der Antike *Englo* genannt, strategisch sehr günstig an der Straße, die den Gardasee mit den Tälern Ledro und Chiese sowie mit der Po-Ebene verband. Die Lage der Ortschaft war optimal: klimatisch wegen der sonnigen Ausrichtung nach Südosten und sicherheitstechnisch, weil die Siedlung sehr leicht zu verteidigen war. Das Hauptgebäude war ein imposantes Heiligtum aus römischer Zeit (1.–4. Jh. n. Chr.). Von dieser antiken Kultstätte sind noch wuchtige Steinmauern erhalten, die sie nach außen hin abgrenzten.

Apropos ...

Das Kirchlein von San Martino, dessen Reste am Gelände zu besichtigen sind, ist Namensgeber für die ganze Zone und hat die antike Bezeichnung von *Englo* abgelöst. Eine weitläufige Siedlung aus dem Hochmittelalter ist noch Gegenstand von Ausgrabungsarbeiten. Es fehlte an Baugrund und so wurde jeder Zentimeter ausgenutzt, bis direkt an den Abgrund heran.

VOM MONTE SAN MARTINO ZUR CAPANNA GRASSI 43

Vom Parkplatz (810 m) geht es bergauf auf einer nur wenig befahrenen und nur zu Beginn asphaltierten Straße. Nach 50 Minuten erreichen wir die Malga Pranzo (1.039 m), von hier ist es nicht mehr weit bis zur zauberhaften Capanna Grassi (🍴) (1.056 m). Zurück geht es zum Parkplatz der Malga Pranzo, dort nehmen wir den Pfad Nr. 402, der am Gamella-Bach nach Campi führt. Nun geht es noch einmal kurz (ca. 500 m) bergauf, und wir kommen wieder zum Ausgangspunkt (eine ¾ Stunde ab Capanna Grassi).

Kurz & bündig

Besuch der Ausgrabungsstätte vom Monte San Martino (Info-Tafeln auch in deutscher Sprache)

Wanderung zu den Almwiesen der Grassi-Alm

Zum archäologischen Gebäude: 10 Minuten auf einem fast ebenen Pfad Runde zur Capanna Grassi: 1¾ Stunden, 310 Höhenmeter, 6 km

Ab Riva del Garda den Wegweisern nach Campi (Provinzstraße SP 37) folgen. Parkplatz etwas oberhalb der Ortschaft.

Museo Civico di Riva: Museum mit einer Abteilung zu Monte San Martino. Piazza C. Battisti 3/a in Riva, Tel. 0464 573869

Von Juli bis August täglich von 10–12.30 und 13.30–18 Uhr geöffnet (von September bis Juni Mo geschlossen).

Capanna Grassi: Spezialitäten Polenta, Hasenbraten und Würste. Geöffnet täglich vom 20. Juni bis 20. September, davor (ab Anfang April) und danach (bis Ende Oktober) nur an den Wochenenden. Tel. 0464 501181, mobil 333 9327504. Bis Malga Pranzo auch mit dem Pkw erreichbar.

Der Maulser Mithras-Stein

MITHRAS

EIN PERSISCHER GOTT KOMMT NACH MAULS

Vom geheimnisumwobenen Mithras-Kult aus Persien gibt es sogar im Eisacktal Spuren. Der Stein des Mithras, der 1589 in der Nähe von Mauls gefunden wurde, lässt uns in die Vergangenheit reisen. Wir finden uns wieder im 3. Jh. n. Chr., zu den Jüngern dieses Geheimkultes zählen vor allem römische Beamte und Soldaten. Aber unternehmen wir doch einen einfachen Spaziergang in die Wälder oberhalb von Mauls.

Rabe und Löwe sind eigentlich Tiere, die wenig gemeinsam haben, und doch verbindet sie etwas: Die Eingeweihten des Mithras-Kultes trugen solche Tiernamen, je nach dem Grad, den sie innerhalb dieser Gemeinschaft einnahmen. Eine Aura des Mysteriums umgibt diese antike Religion, nicht einmal über den genauen Fundort des Mithras-Steines gibt es Klarheit. Die Gläubigen haben stets das Geheimnis um ihren undurchsichtigen Kult bewahrt, der auf einer hierarchischen Struktur basiert.

Der Kult um die Gottheit Mithras kommt von weit her, aus dem syrisch-persischen Gebiet, und wurde von den Römern orientalischer Herkunft mitgebracht, meist waren es Soldaten, Händler, Verwaltungsbeamte und Zöllner. Um das 2. bis 3. Jh. n. Chr. entwickelt sich diese Religion sehr stark und tritt sogar in Konkurrenz zum Christentum, doch bald ist die Lebensspanne dieses Kultes auch

schon wieder vorbei. Dazu tragen zwei Faktoren bei: die Taufe von Kaiser Konstantin und die Auflösung der starren Strukturen des römischen Heeres.
Die Religion basiert auf symbolträchtigen und bedeutungsvollen Gegensätzen, wie Leben und Tod, Licht und Schatten. Mithras ist die Gottheit des Lichts, sein Kult ist eng verwoben mit der Sonne, manchmal werden Mithras und die Sonne auch gleichgestellt. Die wichtigen Festtage dieses Kultes sind die Tagundnachtgleiche und die Sonnenwendtage. Das Tötungsopfer eines Stieres durch Mithras stellt ein Symbol für die himmlische Erlösung dar.

Der Mithras-Stein – Das Marmorstück hat im Laufe der langen Zeit etwas gelitten. In den Tempeln nahm die Darstellung des Mithras, der den Stier tötet, einen Ehrenplatz ein. Der Stein von Mauls scheint unvollendet zu sein und war möglicherweise niemals in einem Heiligtum aufgestellt. Das Original steht heute in Bozen im Südtiroler Archäologiemuseum. Kopien der Darstellung findet man hingegen in Sterzing und in Mauls (siehe Kurz & bündig).
Der Gott Mithras ist dargestellt, wie er kräftig den Kopf des Stieres zu sich heranzieht und gleichzeitig ausholt, um ihn am Hals zu treffen. Diese Situation soll den ewigen Zyklus von Tod und neu entstehendem Leben symbolisieren. In dieser Szene tauchen auch andere Tiere auf: Am Boden greift ein Skorpion den Stier an, außerdem sind auch eine Schlange und ein Hund abgebildet. Auf der oberen linken Seite stellt ein Rabe den Boten zwischen Mithras und der Sonne dar. Bei Mithras sind außerdem zwei weitere Figuren zu sehen: eine mit einer nach oben gerichteten Fackel (*Cautes*) und eine mit erloschener, gesenkter Fackel (*Cautopates*). Sie stellen den Aufgang und den Untergang der Sonne dar. Im oberen Teil des Basisreliefs sind außerdem noch Sonne und Mond zu sehen.

Blick ins Eisacktal

Apropos ...

Die Geburt des Mithras, der als ein erlösender Gott angesehen wird, ist mysteriös wie der gesamte Kult. Man erzählt, dass diese Gottheit aus dem Felsgestein einer Grotte entstanden sei, daher wird er wohl auch häufig in einer Höhle dargestellt. Auch auf unserem Basrelief sind Steine in Halbkreisform über dem Haupt des Mithras zu sehen. Kein Wunder, dass die Mithras-Jünger für ihre Zusammenkünfte und Opferriten die Tiefen der Erde wählten. Man sagt, dass die Eingeweihten, übrigens handelte es sich ausschließlich um Männer, immer nur in natürlichen Höhlen oder unterirdischen Räumen zusammentrafen.

RUNDWANDERUNG OBERHALB VON MAULS 35

Wir schlagen einen Spaziergang vor, der uns zu den Höfen von Fleins oberhalb von Mauls führt. Von der Schule bei der Kirche (940 m) aus nehmen wir den Römerweg und folgen dem Hinweisschild „Romedisteig“, der bei einer Weggabelung mit einem Bildstock des hl. Antonius beginnt. Nach 45 Minuten bergauf durch dichten Wald gelangen wir auf eine weite Wiese. Beim Kassler-Hof folgen wir leicht bergauf der asphaltierten Straße (Nr. 11 Wegweiser „Fleins“). Nach weiteren 15 Minuten, inzwischen sind wir beim Weiler Fleins (1.137 m) angelangt, steigen wir links hinunter auf einer Forststraße Richtung „Mauls“. Der letzte Teil unserer Runde führt uns auf asphaltierter Straße entlang des Maulserbaches zum Ausgangspunkt (30 Minuten ab Fleins).

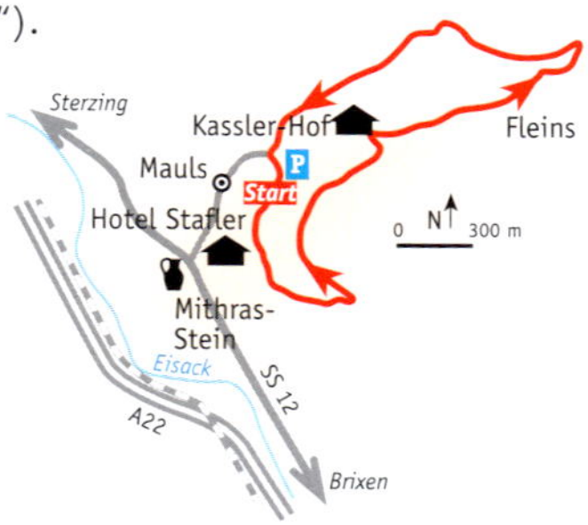

Kurz & bündig

zum Mithras-Stein

Rundwanderung durch die Wälder und über die Wiesen oberhalb von Mauls

1½ Stunden, 235 Höhenmeter, 4,3 km

In Mauls, südlich von Sterzing, bei der Schule parken.

Kopien des Mithras-Steins befinden sich in: Sterzing, im Innenhof des Rathauses (geöffnet Mo–Fr 8–18 Uhr) Mauls, an der Rückseite des Kramer-Hauses, an der Brenner Staatsstraße, gegenüber des Hotels Stafler (freier Zugang)

Hotel Stafler: 4-Sterne-Hotel mit elegantem Restaurant, Di Ruhetag. Tel. 0472 771136, www.stafler.com

Basrelief im Museum Fließ

ANTIKE STRASSEN

EINE KILOMETERLANGE GESCHICHTE

„Alle Wege führen nach Rom": Diese Redensart bringt auf den Punkt, wie die Situation zu der Zeit war, als ein weitläufiges Straßennetz Rom mit dem gesamten Reich verband, vom Mittelmeer bis Mitteleuropa, von Asien bis Spanien. Rom selbst war auf einem Knotenpunkt von Straßen errichtet worden. Diese Verkehrsverbindungen dienten zur Ausübung der Macht auch in den entferntesten Gebieten.
Unser Land ist reich an uralten Wegen, die bereits vor Tausenden von Jahren benutzt wurden. Die Römer, die Meister des Straßenbaus, haben schrittweise die bestehenden Routen zu richtigen Straßen ausgebaut. Diese mussten natürlich instand gehalten werden. Die Arbeiten wurden teils durch Steuern, teils aus der eigenen Tasche der Kaiser finanziert, wie es auch Augustus und seine Nachfolger mit riesigen Beträgen aus ihrem Privatvermögen taten. Davon berichten uns die Meilensteine, die zahlreich in Südtirol entdeckt wurden. Die Inschriften gaben Auskunft über die Distanz in Meilen und lieferten den Reisenden, Händlern und Soldaten weitere nützliche Informationen. Die Texte dieser Steinsäulen, die entlang der Straßen aufgestellt wurden, rühmten die Größe des Reiches und der kaiserlichen Familie auch an den entlegensten

Orten. Die Gedenksäule von Rabland, die von der Errichtung der berühmten Heeresstraße *Via Claudia Augusta* erzählt, gilt als das älteste derartige Denkmal im Alpenraum.

So reisten die Römer

Wie orientierten sich allerdings unsere Vorfahren auf der Reise? Mit „faltbaren" Straßenkarten, wie beispielsweise der *Tabula Peutingeriana*. Hierbei handelt es sich um eine 30 Zentimeter schmale und immerhin 6 Meter lange Pergamentrolle, die unterwegs recht praktisch war. Wir kennen lediglich die mittelalterliche Kopie des Originals (vermutlich aus dem 3. oder 4. Jh. n. Chr.), das leider verloren gegangen ist. Darauf abgebildet sind die Römerstraßen vom Atlantik bis Indien und von Afrika bis Britannien. In unserer Region scheint nur die Straße über den Brenner auf, die im Wesentlichen der heutigen Streckenführung entspricht. Auf der *Tabula* sind auch Meere, Küsten, Flüsse, Seen und Berge eingezeichnet. Sie werden wegen des schmalen Formats der Pergamentrolle allerdings stark verzerrt dargestellt. Kurioserweise wurden die Entfernungen in dem vor Ort üblichen Maß – römische oder gallische Meilen bzw. Parsanges im Orient – angegeben. Die *Tabula Peutingeriana* befindet sich heute in der Nationalbibliothek in Wien. Ihr Name stammt übrigens von ihrem ersten Käufer, dem Humanisten Konrad Peutinger. Eine weitere antike Straßenkarte ist der *Itinerarium Antonini Augusti* (3. Jh. n. Chr.). Hier eingetragen sind neben der Brennerroute auch eine Straße durch das Brentatal und eine durch das Pustertal an *Aguntum* (bei Lienz) vorbei.

Aussicht vom Piller Sattel

AUF DER *VIA CLAUDIA AUGUSTA* VON FLIESS NACH LANDECK IN TIROL

Die Via Claudia Augusta *verband die Adria mit der Donau. Die Reisenden mussten auf der 500 km langen Strecke auch unwegsame und ausgesetzte Stellen sowie Brücken passieren. Auf den Spuren der antiken Römer sind wir in Tirol ein Stück auf dieser berühmten Kaiserstraße unterwegs.*

Das Dokumentationszentrum *Via Claudia Augusta* in der zauberhaften Ortschaft Fließ erzählt die Geschichte dieser antiken die Alpen querenden „Autobahn". Hier sind interessante Objekte zu sehen, die entlang der Straße entdeckt worden sind: Waffen, Münzen und Ausrüstungsgegenstände jeglicher Art für die Pferde, wie ein Augenschutz und kuriose „Hipposandalen" aus Eisen. Ausgestellt ist auch eine Kopie der berühmten römischen Straßenkarte *Tabula Peutingeriana*, auf der minutiös die Straßen und Siedlungen, das Meer und die Berge zwischen Indien und Britannien eingetragen sind.

Die *Via Claudia Augusta* führte von Altino an der nördlichen Adria über den Reschenpass bis nach *Augusta Vindelicorum* (Augsburg), das damals Provinzhauptstadt von *Raetia* war. Eine „Variante" dieser Transitroute begann am Po-Fluss, in der Nähe von Ostiglia. Ab Trient, wo sich die beiden Straßen vereinten, führte die *Via Claudia Augusta* weiter nach Bozen und in den Vinschgau.

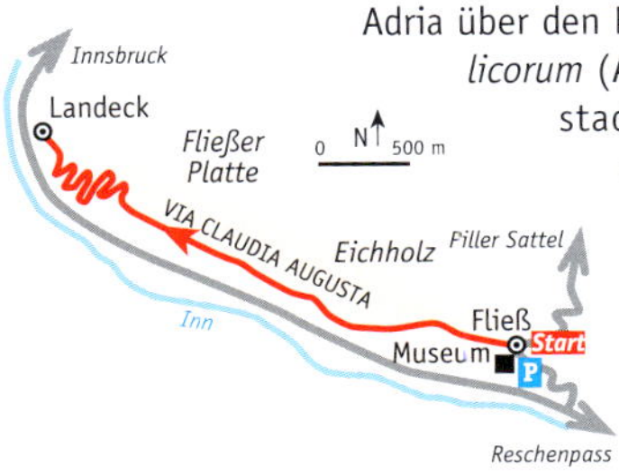

VON FLIESS NACH LANDECK AUF DER *VIA CLAUDIA AUGUSTA* 41

Heute sind wir – zu Fuß oder mit dem Fahrrad – auf der antiken Römerstraße in Tirol unterwegs. Vom Ortszentrum von Fließ (1.073 m) folgen wir dem Wegweiser „Via Claudia Augusta Landeck 1" Richtung Westen. Vor uns liegt ein hübscher Ausflug, noch dazu geht es meistens leicht bergab. Die Steigungen mussten damals auch für die Zug- und Tragetiere bewältigbar sein. Wir kommen an einem modernen Meilenstein vorbei, der an die lange Geschichte dieser Straße erinnert. Bei der Fließer Platte kann man sogar noch die Wagenspuren im Fels sehen. Die Abfahrt wird jetzt etwas steiler und bringt uns zum Schloss Landeck, das mit seinem Museum die Geschichte dieses Gebietes erzählt. Wir sind dann schon in der gleichnamigen Stadt (817 m; zu Fuß nach rund 1½ Stunden ab Fließ, mit dem Fahrrad nach einer ½ Stunde). Wer zu Fuß unterwegs ist, kann mit dem Linienbus zurück. Die anderen radeln über den Inn-Radweg wieder nach Fließ.

DER BRANDOPFERPLATZ AM PILLER SATTEL

Freunde der Vorgeschichte sollten nicht die Gelegenheit versäumen und einen antiken Brandopferplatz besichtigen, der von der Bronze- bis zur Römerzeit in Verwendung stand (auch diese Fundstücke sind im Museum in Fließ zu sehen). Auf einem Steinaltar wurden

Apropos ...

Am nahen Piller Sattel ist ein richtiger Schatz aus der Bronzezeit entdeckt worden: In einer Felsspalte waren Waffen und Geräte aus Bronze deponiert worden. Besonders schön ist ein Kammhelm, der als einer der ältesten in Europa gilt. Während einer Kulthandlung wurde er zerschlagen und zerdrückt, um dann den Göttern geopfert zu werden. So wurde der Missbrauch der Opfergabe vermieden, sollte sie in falsche Hände geraten. Dieser Helm ist aufwendig restauriert worden und befindet sich jetzt im Archäologischen Museum in Fließ (gegenüber dem Dokumentationszentrum).

über die Jahrhunderte Opfertiere verbrannt. Die angehäufte Asche und die verbrannten Knochen bildeten einen Hügel, der heute noch 2,5 m hoch ist. Später gehörten vor allem Waffen, Fibeln und Schmuck zu den Opfergaben, während die Römer auch Münzen deponierten. Mit der Christianisierung wurde dieser Kultplatz aufgelassen. Um ihn zu erreichen, muss man mit dem Auto von Fließ Richtung „Naturpark Kaunergrat“ fahren. Nach rund 6 km bergauf kommen wir zum Piller Sattel (1.555 m). Wer ein kurzes Stück rechts weiterfährt, kommt zum Naturparkhaus Kaunergrat mit dem Restaurant Gachenblick (🍴). Hier gibt es zahlreiche Wanderwege.

Kurz & bündig

👁 Archäologisches Museum Fließ mit dem nahe gelegenen Dokumentationszentrum *Via Claudia Augusta*
👟 auf den Spuren der Römer auf einem Stück der alten Transitroute
⌛ Von Fließ nach Landeck zu Fuß 1½ Stunden, mit dem Rad eine ½ Stunde, geringer Höhenunterschied (Rückweg 250 Höhenmeter), 6 km
🚌 von Italien über den Brenner und Innsbruck auf der Inntalautobahn A12 bis Fließ bei Landeck oder über den Vinschgau und den Reschenpass
✉ **Museum und Dokumentationszentrum *Via Claudia Augusta*:** im Ortszentrum von Fließ, Tel. +43 (0)5449 20065, http://museum.fliess.at
🕒 Geöffnet von Mai bis Oktober, 10–12 und 15–17 Uhr (eine einzige Eintrittskarte).
🍴 **Restaurant Gachenblick:** Tiroler Spezialitäten mit atemberaubendem Blick auf das Tal, im Naturparkhaus Kaunergrat, 10 Autominuten von Fließ, im Sommer täglich geöffnet (im Winter Mo Ruhetag). Tel. +43 (0)5414 20160, www.gachenblick.at

Auf der *Via Claudia Augusta*

Kirchenruine von St. Laurentius

UNTERWEGS MIT DEN RÖMERN IM VINSCHGAU

Heute radeln wir ohne große Mühen – es geht nur bergab – die Etsch entlang, wo einst die Karren und Kutschen auf der berühmten Via Claudia Augusta *unterwegs waren. Diese Reise über die Obstwiesen und in die Vergangenheit führt uns zu einigen der vielen Sehenswürdigkeiten, die der Meraner Raum und der Vinschgau zu bieten haben. Sie wurden in verschiedenen Epochen an dieser wichtigen Straßenverbindung errichtet.*

Das erste Juwel, dem wir begegnen, ist die Kirchenruine von St. Laurentius (ein gotisches Bauwerk, auf den Fundamenten einer romanischen Kirche errichtet). Wir befinden uns an einem geschichtsreichen Ort. Auch wenn von dieser dem Patron der römischen Legionäre geweihten Kirche nur die Außenmauern übrig geblieben sind, so ist die Atmosphäre eine ganz besondere. Dem Heiligen Laurentius wurden im Mittelalter oft Kirchen geweiht, die an Straßenkreuzungen lagen. Höchstwahrscheinlich hat die *Via Claudia Augusta* (siehe S. 148), die über die Jahrhunderte noch in Verwendung stand, hier vorbeigeführt, wie auch an einer anderen alten Kirche hier in der Nähe, jene von St. Prokulus. Neben diesem wegen seiner mittelalterlichen Fresken berühmten Kirchlein befindet sich ein Museum, das der 1.500-jährigen Siedlungsgeschichte dieses Ortes gewidmet ist. Diese beginnt mit einem spätantiken Haus, auf dessen Ruinen später St. Prokolus gebaut wurde.
Weiter geht es zur Gedenksäule von Rabland, einem wichtigen Zeugnis der Römerzeit, das fälschlicherweise oft als Meilenstein bezeichnet wird. Sie ist beim Zielbach während eines Hochwassers ans Tageslicht gekommen. Auf zehn Zeilen wird die Größe von Kaiser Claudius Augustus gefeiert, der Namensgeber der Straße hat sie „vom Po bis an die Donau befahrbar gemacht". Das Original steht im Bozner Stadtmuseum.

Das Museum

In Algund statten wir am Ende unseres Ausflugs dem sogenannten römischen Brückenkopf einen Besuch ab. In den letzten Jahren haben die Archäologen Zweifel daran geäußert, dass dieses Bauwerk tatsächlich römischen Ursprungs ist. Laut jüngsten Untersuchungen könnte der Brückenkopf viel eher gotisch sein. Der Name des nahen Pünthofes kommt vom lateinischen *pons* (Brücke). Das bedeutet, dass hier vor dem Jahr 1000, als die romanische Sprache durch das Deutsche abgelöst wurde, bereits eine Brücke über die Etsch führte.

Kurz & bündig

entlang der *Via Claudia Augusta* mit ihren Schätzen

einfache Radtour am Etschradweg

Staben–Algund: 2 Stunden, 18 km, fast nur bergab
Algund–Staben (ohne Abstecher): 1¼ Stunden, 200 Höhenmeter, 14 km

über den Vinschgau bis nach Staben bei Naturns (Parkplatz beim Bahnhof)

St. Prokulus: Naturns, St.-Prokulus-Straße, Tel. 0473 673139, www.prokulus.org

Kirche und Museum: Zwei Wochen vor Ostern bis Anfang November geöffnet, Di–So 9.30–12 und 14.30–17.30 Uhr, ab 15. Oktober Di–So 9.30–12 und 14–17 Uhr, Mo Ruhetag, feiertags immer geöffnet.

Hanswirt: Gasthof am Geroldplatz in Rabland mit 400-jähriger Geschichte und Meilensteinkopie, raffinierte Küche, kein Ruhetag. Tel. 0473 967148, www.hanswirt.com

Römerkeller: Restaurant und Steakhouse direkt beim Algunder Brückenkopf, abends Pizza, kein Ruhetag. Tel. 0473 448385

MIT DEM FAHRRAD VON STABEN NACH ALGUND 6

Unsere Radtour beginnt beim Bahnhof von Staben (554 m). Auf einer wenig befahrenen Landstraße folgen wir dem Wegweiser „Naturns". Nach 1,2 km sind wir schon bei unserem ersten Etappenziel: der stimmungsvollen Kirchenruine von St. Laurentius. Sobald wir die Eisenbahngleise und den Fluss überquert haben, biegen wir rechts ab und radeln gemütlich den Etschradweg hinunter. Für einen Abstecher nach St. Prokulus verlassen wir in Naturns den Radweg, fahren die Gustav-Flora-Straße und dann die St.-Prokulus-Straße entlang bis zum berühmten Kirchlein (4,5 km ab Start). Am Etschdamm geht es dann weiter flussabwärts bis nach Rabland. Wieder verlassen wir den Radweg. Über die Cutraunstraße geht es bis zur Vinschgauer Staatsstraße. An dieser fahren wir nur wenige Meter zurück Richtung Naturns und schon stehen wir vor dem historischen Gasthof Hanswirt (🍴) und der Kopie des Rablander „Meilensteines". Immer am Fluss entlang radeln wir bis nach Töll. Besonders schön ist der neue Abschnitt des Radweges, der uns in Serpentinen flott hinunter nach Algund (350 m) bringt. Bei der überdachten Holzbrücke biegen wir links ab. Mitten auf dem Parkplatz befindet sich der Algunder Brückenkopf (18 km ab Start) und dahinter der Pünthof. Wer schon genug hat, fährt von Algund mit der Vinschger Bahn zurück, die anderen radeln auf der gleichen Strecke wieder nach Staben (14 km ohne Abstecher).

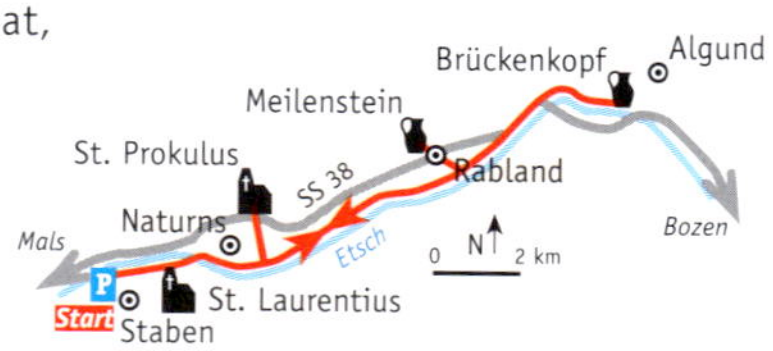

Apropos ...

In Mals, im Vinschgau, ist der Kopf einer Venus-Statue entdeckt worden. Dieses Stück belegt die Bedeutung, die die *Via Claudia Augusta* einst hatte. Das Fragment ist künstlerisch wertvoll und stammt möglicherweise von einem Tempel, der dem Kaiser gewidmet war. Der Kopf der Venus-Statue ist im Südtiroler Archäologiemuseum in Bozen zu sehen.

Spurrillen der römischen Karren

DIE RÖMISCHE STRASSE VON FRANZENSFESTE

Das heutige Südtirol war seit jeher auch ein Durchzugsgebiet. Schon zur Zeit der Römer war diese Berg- und Grenzregion wichtig für den Transport und für den Handel. Mit dieser Radtour, die in Brixen startet und nach Franzensfeste führt, begeben wir uns auf Entdeckungsfahrt auf einer uralten Transitstraße, die heute wie damals stark befahren ist. Hier können wir rund 100 Meter direkt auf der antiken römischen Straße gehen. Es ist ein Ort mit einer ganz besonderen Atmosphäre.

Es scheint, als wäre die Zeit stehen geblieben: Hier sehen wir Spuren der Vergangenheit, wie die tiefen Rillen, die die Karren in die Felsoberfläche zogen. Vor nunmehr fast 2.000 Jahren kamen Reisende, Händler und Soldaten über diese Straße, die den Norden mit dem Süden verband. Die Brennerstraße war schon immer eine wichtige Verbindung zwischen unterschiedlichen Kulturen. Man kann sich leicht vorstellen, wie seinerzeit die Karren über diesen Untergrund rumpelten und ächtzen. Die Rillen entstanden nicht nur durch den häufigen Gebrauch der Straße, sondern wurden teilweise sogar eigens dafür in den Boden geritzt, damit die schweren Karren nicht seitlich abrutschen konnten. So fuhren sie fast wie auf Schienen.

Auf der Verkehrsader im Eisacktal bewegte man sich zu Fuß, zu Pferd oder auf einem Karren, der von Ochsen, Eseln oder Pferden

Meilenstein am Römerweg

gezogen wurde, vorwärts. Die in der Zeit zwischen dem 1. und 4. Jh. n. Chr. angelegte Straße führte von Süden nach *Augusta Vindelicorum* (Augsburg). Wie die meisten römischen Straßen diente auch diese zunächst und vor allem militärischen Zwecken, in diesem Falle jenem, jeden Winkel des römischen Imperiums unter Kontrolle zu halten. Die Orte wurden – wann immer möglich – in möglichst gerader, direkter und kurzer Linie verbunden. Daher gab es auch immer wieder Straßen, die möglichst ohne Umwege dem Talverlauf folgten und daher manchmal 20 Prozent Steigung aufwiesen. Die alpinen Regionen waren natürlich oft unwegsam und bargen nicht wenige Gefahren. Der antike griechische Geograph Strabon gebrauchte die folgenden Worte, um diese alpinen Pass-Straßen zu beschreiben: „Der Weg ist bisweilen so schmal, dass er den Fußgängern selbst und den damit unvertrauten Saumtieren Schwindel verursacht; die einheimischen Tiere dagegen tragen die Lasten sicher."

Apropos ...

In der Endphase des römischen Reichs umfasste das Netz der Straßen über 150.000 Kilometer. Man konnte auf ihnen also – bildlich gesprochen – fast viermal die Erde umrunden. Doch dann verfielen sie. Auch der Mensch trug das Seine zum Verfall bei. Manch einer schaffte die Pflastersteine weg und verwendete sie für etwas anderes.

MIT DEM RAD DIE RÖMISCHE STRASSE WIEDERENTDECKEN 34

Von der Aquarena in Brixen (561 m) folgen wir der Beschilderung „Radroute Sterzing" und fahren den Radweg am Eisack flussaufwärts. Wir verlassen den Fluss nach rund 2 km, denn jetzt führt uns der Radweg über Obstwiesen zur Brennerstraße. Nach einem kurzen Stück auf der verkehrsreichen Straße halten wir uns links und fahren bergab. Hier empfiehlt sich ein kurzer Umweg zum zauberhaften Vahrner See (6 km nach dem Start), eine richtige grüne Oase, in der man sich herrlich abkühlen kann. Unsere Tour geht dann weiter Richtung Norden, der Radweg führt uns mal an der Eisenbahn, mal an der Autobahn entlang. Nach circa 10 km erreichen wir die Ortschaft Franzensfeste (747 m) und durchfahren sie. Unmittelbar nach der Eisackbrücke führt uns eine Abzweigung nach rechts zur römischen Straße und wir folgen dem Wegweiser „Römerweg", der auch sofort beginnt. Für den Rückweg nehmen wir wieder den Radweg, diesmal biegen wir bei der Festung Franzensfeste auf den Radweg nach Bruneck ab. Nach Aicha geht es weiter Richtung Schabs (16 km nach dem Start). Hier verlassen wir den Pustertaler Radweg. Ungefähr 3 km folgen wir der Staatsstraße Richtung Brixen, dann nehmen wir die Alte Pustertaler Straße, die uns zum wunderschönen Kloster Neustift führt (ca. 21 km nach dem Start). Die Unterdorf-Straße führt uns dann in wenigen Minuten wieder auf den Eisack-Radweg und zum Ausgangspunkt zurück.

Kurz & bündig

Ein Stück der alten römischen Straße zum Brenner. Das römische Straßenstück befindet sich in Franzensfeste, im Ortsteil Reiferfelder, am linken Eisack-Ufer.

Radtour, meist auf einem Radweg (leider mit kurzen Abschnitten auf der stark befahrenen Staatsstraße)

2½ Stunden, 350 Höhenmeter, 24 km

kostenpflichtiger Parkplatz bei der Aquarena in Brixen

Hotel – Camping Vahrner See: Nette Gaststätte am Badesee, Do Ruhetag (außer im Sommer), im Februar geschlossen. Tel. 0472 832169

Der Ehrenburger Meilenstein

DIE MEILENSTEINE IM PUSTERTAL

Die Römer waren wahre Meister des Straßenbaus. Aquileia an der Adria und die römische Stadt Aguntum bei Lienz wurden durch das Pustertal mit dem Alpenraum verbunden. Mit dem Fahrrad entdecken wir entlang des Radweges zwischen Olang und Kiens Wissenswertes über das römische Verkehrssystem. Wir folgen dabei den „Straßenschildern“ jener Zeit: den Meilensteinen.

Auch früher mussten die Reisenden wissen, wie viel Weg noch vor ihnen lag, bevor sie ans Ziel gelangten. Man könnte anhalten und jemanden um Auskunft bitten – ein modernes Straßennetz verfügt jedoch über Hinweisschilder, die diese Fragen beantworten. Die Römer hatten entlang der Straßen große Steinsäulen, die so genannten Meilensteine, errichtet. Sie wurden am Straßenrand aufgestellt, hatten einen Durchmesser von 60–80 cm und konnten bis zu drei Meter hoch sein. Im Jahr 133 v. Chr. wurden diese Straßenmarkierungen unter Gaius Gracchus per Verordnung verpflichtend. Allein im Pustertal sind bis *Aguntum* ein gutes Dutzend dieser Meilensteine entdeckt worden.
Auf den Säulen wurde die Distanz (eine Meile entspricht 1.478 m) vom Beginn der Straße an angegeben. So steht auf dem Meilen-

steinen von Olang und Ehrenburg die Entfernung von *Aguntum* (siehe S. 137). Es werden auch andere Informationen angeführt, beispielsweise wer die Straße errichten ließ und warum. Auf dem Ehrenburger Exemplar ist zu lesen, dass Kaiser Septimius Severus und seine Söhne Caracalla und Geta den „vom Alter gezeichneten Meilenstein wieder aufgestellt" haben. Diese Inschriften dienten natürlich auch der Staatspropaganda. Sie markierten das Territorium und rühmten die Größe des Reiches. Die Namen der Kaiser waren in großen Lettern zu lesen, gefolgt von einer Liste ihrer Titel und ihrer militärischen Siege. Eine Fülle an lobenden Adjektiven hoben ihre Eigenschaften hervor.

MIT DEM RAD VON OLANG NACH KIENS 39

Wir starten in Oberolang (1.083 m), wo wir auch sogleich auf den ersten Meilenstein stoßen. Um dorthin zu gelangen, fahren wir auf der Dorfstraße nach Osten und biegen dann links auf den Greitweg ab. Das sehr gut erhaltene Original des Meilensteines steht auf dem Grundstück der Familie Prugger (Greitweg 9) direkt neben dem Hauseingang. Wir befinden uns auf Privatgrund und verhalten uns dementsprechend. Von Oberolang radeln wir nun immer den Wegweisern des Pustertaler Radwegs folgend Richtung Bruneck. Es geht abwechslungsreich über Wiesen, durch Wälder und sogar durch eine Schlucht und einen Tunnel dahin. In Bruneck (886 m) haben wir die halbe Strecke hinter uns. Kurz vor St. Lorenzen (845 m), gleich nach der Unterführung der Pustertaler Staatsstraße, finden wir links auf einer Wiese die Reste der römischen Thermen von Sebatum (ca. 16 km nach dem Start; siehe S. 134). Meist bergab, mit einigen kurzen Steigungen, geht es weiter bis zur Abzweigung nach Ehrenburg. Um zum Meilenstein zu gelangen, fahren wir die etwas steilere Ehrenburger Straße hinauf und biegen dann rechts auf die Schlossstraße. Kurz vor dem Gasthof Knapp geht es rechts nach Treitling und dann vor einem alten Haus mit einem großen Holzkreuz links auf die Straße „Am Römerweg". Nach rund 300 m stoßen wir auf die Kopie des prachtvollen Meilensteins, dessen Original im Südtiroler Archäologiemuseum in Bozen steht. Wir kehren dann wieder auf der gleichen Strecke zum Pustertaler Radweg zurück (eine anspruchsvollere Abkürzung führt beim alten Haus links und dann über eine Forststraße zur Rienz hinab). Nach der Brücke beim Hotel Post sind wir in Kiens und somit am Ziel.

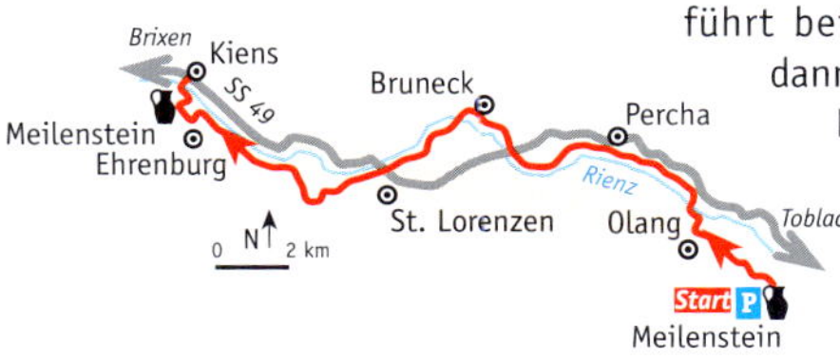

Unterwegs nach Olang

Apropos ...

Das römische Reich musste sich im 3. Jh. n. Chr. zusehends vor den Einfällen der Barbaren schützen. Eine konstante Instandhaltung der Straßen war damals besonders wichtig, um rasche Truppenverschiebungen zu ermöglichen. Diese Erhaltungsmaßnahmen werden am Sonnenburger Meilenstein beschrieben. Er steht an der stark befahrenen und für Fußgänger und Radfahrer wenig geeigneten Staatsstraße direkt an der Kreuzung zur Sonnenburg.

Kurz & bündig

zu den römischen Meilensteinen von Oberolang und Kiens

Tour am Pustertaler Radweg

Oberolang–Kiens: 1½–2 Stunden, 25 km, 210 Höhenmeter (Rückfahrt mit Zug oder Bike-Taxi).
Hin und retour mit dem Rad: 50 km, 700 Höhenmeter

über das Pustertal bis Oberolang

Parc Café: Eisdiele in Mitterolang (Kerlastr. 2), Mo Ruhetag, Tel. 0474 498440

Radverleih: Rent and go (auch Shuttle-Dienst), Florianiplatz 15a in Olang, Tel. 0474 498038, www.sportrent.it

Rent a bike, Hotel Post in Kiens, Tel. 0474 565318, www.pusterbike.it

Die Hexenstühle bei Kastelruth

ZWISCHEN ARCHÄOLOGIE UND MYSTERIUM

Am Ende unserer Reise wollen wir uns der Archäologie mit einem Augenzwinkern nähern. Viele Legenden haben ihren Ursprung im Aberglauben und der Fantasie unserer Vorfahren, die so versuchten, mysteriöse Erscheinungen in der Landschaft zu erklären.
Ein schönes Beispiel sind die großen Felsen oberhalb von Radein. Es handelt sich dabei um sogenannte Findlinge, die der Eiszeitgletscher vor sich her geschoben hatte. Bevor allerdings die Wissenschaft in der Lage war, dieses Phänomen zu erklären, musste der Riese Grimm als „Schuldiger" herhalten. Er hauste einst am Fuße des Weißhorns und hatte sich als Drachentöter Ansehen verschafft. Eines Tages entführte er aber die schöne Elle. Um seine Verfolger zu vertreiben, riss er ganze Felsblöcke aus seiner Burg und schleuderte sie seinen Widersachern entgegen. Er wütete so lange, bis seine Burg zusammenbrach und in das Butterloch stürzte. Noch heute heißt der Sattel zwischen Schwarz- und Weißhorn Jochgrimm.
Ähnlich wie bei den unerklärbaren geologischen Erscheinungen verhält es sich auch mit den Spuren vorgeschichtlicher menschlicher Behausungen. So gibt es in Südtirol zahlreiche Wallburgen.

Das sagen-umwobene Schlerngebiet

Heute sind von diesen Jahrtausende alten Anlagen nur große Steinhaufen übrig geblieben. Sie liegen meist mitten im Wald oder an aussichtsreichen Plätzen hoch über dem Tal. Die Archäologen haben lange über ihr Aussehen und ihre genaue Funktion gerätselt. Wir können uns leicht vorstellen, dass für die Bauern der Umgebung diese Orte etwas unheimlich waren und leicht mit dem Bösen in Verbindung gebracht wurden. Im Wald am Fuße der Mendel liegt die Tuiflslammer, eine riesige Steinhalde, die – so war man überzeugt – nur der Teufel höchstpersönlich zusammengetragen haben konnte.

Auch die Hexen mussten oft als Namensgeberinnen herhalten. Wer in Südtirols Bergen unterwegs ist, stößt auf Orte wie Hexenscharte, Hexenstein oder die in diesem Kapitel behandelten Hexenstühle. Leider hat sich der Aberglaube nicht damit begnügt, bestimmte Orte mit derartigen Namen etwas unheimlicher zu machen. Am 7. Juli 1506 fand auf Schloss Prösels der erste Hexenprozess in Tirol statt. In den folgenden vier Jahren wurden rund 30 Frauen und auch zwei Männer wegen Ketzerei, Teufelspakt, Wetterzauber und anderer derartiger Vergehen zum Tode verurteilt. Einige Prozessakten sind bis heute erhalten geblieben. Die Geständnisse kamen durch Folterung zustande. Die Urteile wurden meist am Scheiterhaufen vollstreckt.

TUIFLSLAMMER

DIE STEINHALDE DES TEUFELS BEI KALTERN

Unsere Vorfahren haben an der Tuiflslammer einst unvorstellbare 10.000 Kubikmeter Felsbrocken zusammengetragen. Es handelt sich um den größten künstlichen Steinkegel in Südtirol. Früher war man davon überzeugt, dass nur der Teufel zu einer derartigen Leistung fähig sei. So wurde der Ort Tuiflslammer, Steinhalde des Teufels, getauft. Ein kleiner Spaziergang führt uns in die Geschichte dieses mysteriösen Platzes.

Die Tuiflslammer war früher auch als „Römergrab" oder „Grabmal Attilas" bekannt, schließlich hat sich aber doch das böse Wesen mit dem Pferdefuß durchgesetzt. In Südtirol gibt es mehrere Orte – wie Teufelsegg, Teufelstein oder Teufelsplatz –, die nach dem Beelzebub benannt wurden. Er wurde sehr oft ins Spiel gebracht, wenn es scheinbar keine Erklärung für eine eigenartige Felsformation gab. Im Laaser Tal gibt es beispielsweise die Teufelsplatte, einen Fels mit mehreren Schalen, die mit etwas Fantasie an eine Teufelspratze erinnern.
Auch bei der Tuiflslammer hatte der Mensch und nicht Satan seine Hand im Spiel, auch wenn die Geschichte dieses Ortes noch nicht restlos geklärt ist. Die hier getätigten Funde umfassen nämlich über 4.000 Jahre von der Jungsteinzeit über die Kupferzeit und Bronzezeit bis zur Eisenzeit. Es kann auch nicht ausgeschlossen werden, dass dieser Ort auch später noch genutzt wurde. Die Archäologen gehen davon aus, dass es hier in der Jungsteinzeit wohl eine Siedlung gegeben hat, während der Hügel in der Bronze- und Eisenzeit als Brandopferplatz genutzt wurde. Wann aber der gewal-

tige Steinkegel angelegt wurde – auf einmal oder über die Jahrhunderte – bleibt vorerst offen.
Die Tuiflslammer ist eine 15 m hohe und rund 50 m breite Steinpyramide, die auf einem großen Porphyrfelskopf steht. Dieser kommt aber nur an einigen Stellen zum Vorschein. Heute ist der von Bäumen und Gebüsch völlig überwucherte Hügel im Wald kaum ausfindig zu machen. Früher stand er höchstwahrscheinlich völlig frei und majestätisch auf dem Hang und war – wie ein Kirchturm – weithin sichtbar. Auch sollen mehrere Terrassen und Gruben sichtbar gewesen sein. An der Ostseite wird von den Resten eines neuzeitlichen Hauses berichtet. Ein Teil der Mauern geht sicherlich auf den Steinmetz Ferdinand Schwarzer zurück, der noch 1932 seine „Behausung in Wallburg“ hatte. Schwarzer selbst soll einige urgeschichtliche Funde „in der Tiefe der Pyramide“ gemacht haben. Einige kleine Mauerzüge dürften doch eher von Besuchern aus unserer Zeit errichtet worden sein. Zu den bedeutendsten Funden auf der Tuiflslammer zählt zweifellos ein Steinbeil aus der Jungstein- oder Kupferzeit (4.–3. Jahrtausend v. Chr.) sowie ein Lappenbeil aus Eisen.

WALDRUNDE ZUR TUIFLSLAMMER 14

Der dichte Wald, in dem die Steinhalde des Teufels liegt, lädt zu einem Spaziergang ein. Vom Garnellenhof (🍴) an der Straße zwischen Oberplanitzing und Prey-Klavenz nehmen wir zuerst den Weg Nr. 15a und dann Nr. 15. Ein Netz an Wegen und Pfaden durchzieht den Wald. Wir steigen immer bergwärts, verlassen den Weg Nr. 15 und folgen der Nr. 16. Nach rund 30 Minuten sind wir ganz in der Nähe der Mendelstraße und gehen direkt am Fuße der Tuiflslammer, einem riesigen, mit Gebüsch überwucherten Steinhügel (GPS N46°25.683 E11°14.350), entlang. Der Rückweg beginnt wenige Meter oberhalb des Kultplatzes und führt durch ein schattiges Tal (Nr. 17 Richtung Oberplanitzing). Die Wege 15a und 15b bringen uns in 30 Minuten von der Tuiflslammer zum Garnellenhof zurück.

Apropos …

In der Nähe der Tuiflslammer gibt es einen weiteren seltsamen Ort: die Eislöcher. Zwischen großen Porphyrfelsen strömt auch im Sommer kühle Luft. Für dieses, wenn auch recht seltene, Phänomen gibt es eine ganz einfache physikalische Erklärung. Der ganze Felssturz der Gand ist von Spalten durchzogen. Die Luft strömt von oben hinein, kühlt sich ab, wird dadurch schwer und sinkt weiter ab in einen Kessel. Von dort tritt sie wieder ins Freie und sorgt für eine prickelnde Brise.

Kurz & bündig

Kultstätte mit mysteriösem Namen

Spaziergang in den Wäldern oberhalb des Kalterer Sees

1 Stunde, 150 Höhenmeter, 2,2 km

kleiner Parkplatz in der Nähe des Garnellenhofes, zwischen Oberplanitzing und Prey-Klavenz

Hotel Garnellenhof: Ideal für eine Jause auf der Terrasse mit Blick auf den Kalterer See, geöffnet vom 1. April bis Anfang November, Tel. 0471 669011, www.garnellenhof.com.

Weingärten am Kalterer See

St. Peter

DIE FELSWANNE DER KIRCHENRUINE VON ST. PETER BEI ALTENBURG

Gleich mehrere Legenden ranken sich um die Kirchenruine von St. Peter, die auf einer Waldlichtung auf einer Anhöhe direkt unter Altenburg liegt. Die einen behaupten, das Kirchlein sei vom hl. Vigilius persönlich gegründet worden. Viel schauriger ist aber die Überlieferung zur Felswanne direkt neben der Ruine: Hier sollen einst Menschenopfer dargebracht worden sein.

Glücklicherweise hat es mit dieser Legende nichts auf sich. Die Felswanne, auf die der Besucher wenige Meter südlich des Kirchleins stößt, ist nichts anderes als ein rund 1.500 Jahre altes Grab. Im Volksmund wird es auch Vigiliusbett bzw. Vigiliusgrab genannt. Der Trienter Bischof und Märtyrer hat hier aber sicherlich nie geruht, weder als Lebender noch als Toter. Auch dürfte das frühchristliche Grab später nicht als Taufbecken benutzt worden sein, wie teilweise vermutet wurde. Die rätselhafte Schale dürfte aber tatsächlich erst später in die Felswanne eingehauen worden sein. Der Ort hat jedoch zweifelsohne eine ganz besondere Ausstrahlung und zieht seit jeher die Menschen an. Dies belegt auch ein großer Schalenstein an der Kante dieser natürlichen Aussichtsplattform hoch über dem Kalterer See. Bereits im 2. Jahrtausend v. Chr. haben Menschen die strategische Position gekannt und später auch eine befestigte Siedlung angelegt. Die liebevoll restaurierte und im Jahr 2000 von den Bischöfen von Bozen und Trient wieder geweihte Kirchenruine trägt das Ihre zur besonderen Stimmung dieses Ortes bei, in der sich – ähnlich wie in der zerfallenen Kathedrale von San Galgano in der Toskana – Natur, Geschichte und Mystik vermischen. Das dreischiffige Kirchlein ist dem Apostel Petrus geweiht und wahrscheinlich eine der ältesten Kirchen Tirols (5./6. Jh. n. Chr.). Von den Fresken aus dem 15. Jh. sind nur spärliche Reste erhalten geblieben. Dabei hatte dieses Kirchlein die Jahrhunderte ganz gut überstanden. 1786 ließ es Kaiser Josef II. aber zusperren. Daraufhin wurde das erst wenige Jahre zuvor restaurierte Kirchendach samt Holzdecke abgerissen, um die Dachsteuer nicht mehr begleichen zu müssen. Der Verfall war somit nicht mehr zu stoppen.

Kurz & bündig

aussichtsreiche Frühlings- oder Herbstwanderung über dem Kalterer See

zur Kirchenruine von St. Peter von Altenburg

2–2½ Stunden, 370 Höhenmeter, 5 km

Über die Weinstraße bis zum Sonnleitenhof am Kalterer See, dort wenige hundert Meter bergauf. Beschränkte Parkmöglichkeit an der Straßengabelung, andernfalls links bis zur Feuerwehrkaserne. Wer will, kann auch direkt vom Kalterer See starten.

Altenburgerhof: Dorfgasthaus mit Tiroler und italienischer Küche, Di Ruhetag. Tel. 0471 964143, www.altenburgerhof.it

Nach der Wanderung ist ein Eis in einem der Lokale direkt am Kalterer See Pflicht!

Aussicht von Altenburg

Die rätselhafte Felswanne

NACH ST. PETER BEI ALTENBURG 15

Beim Sonnleitenhof auf der Weinstraße, südlich der Abzweigung zum Kalterer See, fahren wir wenige hundert Meter bergauf und stellen das Auto ab (273 m). Der Aufstieg erfolgt auf dem alten und teilweise gepflasterten Weg (Nr. 14) durch das Biotop Rastenbach und einen schattigen Wald, der immer wieder den Blick auf den Kalterer See freigibt. Nach rund 25 Minuten stoßen wir auf die Abzweigung „2a St. Peters Ruine", die wir aber nicht nehmen. Wir gehen geradeaus weiter. Nach weiteren 25 Minuten haben wir die Steigung hinter uns und biegen rechts dem Wegweiser „3" folgend Richtung Altenburg ab. Auf einer Asphaltstraße kommen wir in wenigen Minuten in den hübschen Ort mit der bemerkenswerten St. Vigiliuskirche (614 m). Es geht auf dem Weg „2 Panoramablick St. Peter" leicht bergab. Bereits nach wenigen Metern sind wir an einem herrlichen Aussichtspunkt mit Blick auf die Kirchenruine und den Kalterer See. Über den im Jahr 2000 errichteten „Friedensweg" und eine moderne Hängebrücke (die mittelalterlichen Brückenpfeiler sind noch gut zu sehen) kommen wir schließlich zur Ruine mit der berühmten Felswanne (589 m; knapp 1½ Stunden nach dem Start). Nach der Besichtigung geht es über den Weg „2b Rastenbachklamm zum Kalterer See" in Serpentinen hinunter (leicht ausgesetzter, aber gut angelegter Weg).

Zwischen dem 15. und dem 17. Jh. wurde hier Bleiglanz abgebaut, wie das eine oder andere Knappenloch noch belegen. Immer bergab nehmen wir den stimmungsvollen Weg „1" durch die Klamm. Über den Weg „13 Bärental" kehren wir schließlich zum Ausgangspunkt zurück, wo wir nach 2 bis 2½ Stunden Gesamtgehzeit ankommen. Wer bei der Feuerwehr geparkt hat, muss zum Schluss wieder ein kurzes Stück bergauf.

DIE HEXENSTÜHLE BEI KASTELRUTH

Auch in der heutigen Zeit überkommt den Wanderer ein mulmiges Gefühl, wenn er zu den Hexenstühlen oberhalb von Kastelruth gelangt. Der Hausverstand schließt natürlich aus, dass diese großen Felsstühle von finsteren Mächten angefertigt wurden. Und wenn die Hexen in diesem dichten und dunklen Wald einst doch zu Gericht saßen? Wir machen uns bei einer hübschen Rundwanderung nach Marinzen auf die Suche nach der Wahrheit.

Wer glaubt denn heutzutage noch an Hexen! Niemand. In Kastelruth sind sie dennoch zu einem erfolgreichen Werbezeichen geworden. Sie grinsen auf Besen reitend von Gasthöfen und Hotels. Im Schlerngebiet gibt es mehrere Hexensagen. Auch für das eine oder andere Phänomen oder Unglück wurden die Hexen verantwortlich gemacht, wie etwa für die seltsame Felsformation im Marinzener Wald. Wie die Wissenschaft aber mittlerweile zweifelsfrei belegt hat, sind sie durch natürliche Prozesse ohne die Regie böser Kräfte entstanden. Dies gilt auch für die Hexenbänke auf dem Puflatsch auf 2.170 m. Sie haben nicht nur eine Rückenlehne, sondern auch Armstützen und ein Fußbrett! Noch dazu sieht der Felsboden wie gepflastert aus. Man braucht wirklich nicht viel Fantasie, um wie einst unsere Vorfahren an einen Hexentanzplatz zu denken. Es ist nur schwer zu glauben, dass hier an diesem Ort mit einer atemberaubenden Aussicht weder Hexen noch Menschen Hand angelegt haben, und doch ist es so. Wer bis zu den Hexenbänken gelangen möchte, muss einen knapp vierstündigen Aufstieg mit 1.200 Höhenmetern bewältigen. Wir begnügen uns mit den nicht weniger suggestiven Hexenstühlen.

Die Schafstall-hütte

VON KASTELRUTH ZU DEN HEXENSTÜHLEN 27

Bei der Talstation des Marinzen-Sesselliftes in Kastelruth (1.060 m) nehmen wir links den Weg Nr. 8, der uns in etwa 1¼ Stunden mit gemächlicher Steigung hinauf zu den Hexenstühlen führt. In weiteren 15 Minuten kommen wird zur bezaubernden Schafstallhütte (1.500 m) (🍴). Von hier geht es am Weg Nr. 9 in 20 Minuten zur Marinzenhütte (1.486 m) (🍴). Der Weg Nr. 4a (dann 4) bringt uns in einer Stunde über traumhafte, mit kleinen Holzhütten übersäten Wiesen hinab nach Kastelruth.

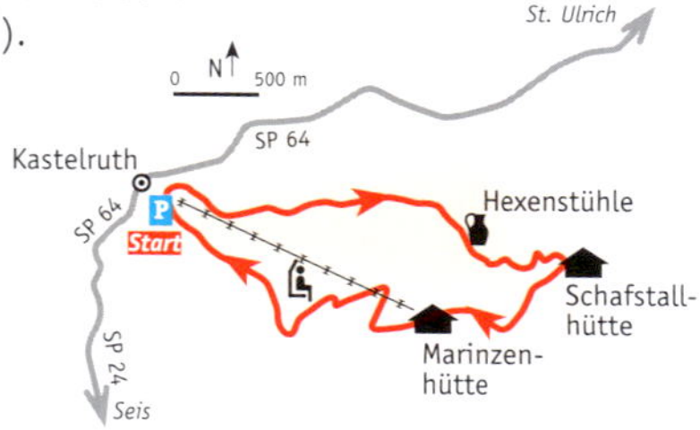

Apropos ...

Der Name Kastelruth leitet sich vom lateinischen *castellum ruptum*, zerstörte Burg, ab. Das Ortsbild erinnert tatsächlich an eine alte römische Anlage, mit dem auf allen Seiten von Gebäuden umschlossenen Dorfplatz und den Gassen mit den fast lückenlos aneinandergereihten Häusern. Die erste Erwähnung von *Castelruptum* geht auf das 10. Jh. zurück. Es wird vermutet, dass vor den Römern bereits die Räter auf dem Schlossberg (auch Kofel genannt) eine Festung hatten.

Kurz & bündig

👁 zu den sagenumwobenen Hexenstühlen

Rundwanderung über die Wiesen und durch die Wälder von Marinzen

⌛ 2¾–3 Stunden, 470 Höhenmeter, 8 km

🚌 In Kastelruth bei der Talstation des Marinzen-Sesselliftes parken.

🍴 **Schafstallhütte:** Kleine, romantische Hütte mit hausgemachten Spezialitäten, geöffnet von Ende Mai bis Mitte Oktober, Tel. 335 6141761.

Marinzenhütte: Einladende Hütte in sonniger Lage, kleiner Spielplatz, Wildgerichte probieren. Geöffnet von Mitte Mai bis Ende Oktober, Tel. 0471 707158.

WEITERE GESCHICHTSTRÄCHTIGE ORTE IN SÜDTIROL

Unsere Spaziergänge und Wanderungen stellen lediglich eine kleine Auswahl an archäologischen Orten in Südtirol dar. Das Ziel war es dabei, möglichst alle Landesteile und frühgeschichtlichen Epochen bis zur Römerzeit zu berücksichtigen. Natürlich mussten diese Orte auch „erwanderbar" sein. Hier eine Reihe von Fundstätten, denen wir gerne mehr Platz gewidmet hätten.

Kortsch (Schlanders)
Im Jahr 1905 stießen Arbeiter bei der Errichtung der Vinschger Bahn zwischen Schlanders und Kortsch auf Urnengräber. Sie wurden der Laugener Kultur, d. h. der Endbronzezeit, zugerechnet. Einige Brandgräber waren mit Steinplatten abgedeckt. Die Beigaben sind mit Ausnahme einiger Schmucknadeln, Lanzenspitzen und einem Bronzering eher ärmlich. Man musste mehr als 80 Jahre warten, bevor die zum Gräberfeld gehörende Siedlung ans Tageslicht gebracht wurde. Sie wurde 1988 am Fuße des Sonnenbergs bei der St. Laurentius Kirche, nur 200 m vom Friedhof entfernt, lokalisiert. Der Platz war, beginnend von der Kupferzeit, vor allem in der Bronzezeit bis zur Eisenzeit bewohnt.

St. Walburg im Ultental
Mehrere Steinaltäre und Opferplätze und in der Mitte ein rund sieben Meter breiter Hügel, auf dem die Figur einer Gottheit stand: So können wir uns das rätische Heiligtum vorstellen, das zwischen dem 6. und dem 2. Jh. v. Chr. am Kirchbichl in St. Walburg im Ultental stand. In der Eisenzeit wurden bei uns vermehrt menschenähnliche Gottheiten verehrt. Die Etrusker und später die Römer brachten auch ihre Spiritualität in den Alpenraum. In St. Walburg sprechen die Experten deshalb von einem „Brandopferplatz nach mediterranem Vorbild". Von der dazugehörenden Siedlung gibt es leider wesentlich weniger Überreste.

Hochbühel (Dorf Tirol)
Der Hochbühel, auch Segenbühel genannt, ist ein vorgelagerter Hügel direkt oberhalb von Meran. Der Platz ist leicht zu erreichen, denn hier befindet sich die Bergstation des Sesselliftes, der von der Passerstadt nach Dorf Tirol führt. In der Nähe des Wetterkreuzes wurden Ende des 19. Jh. zahlreiche Bronzegegenstände und Keramikscherben entdeckt. Lange Zeit sahen die Gelehrten darin ein Brandgräberfeld. Mittlerweile scheint es als erwiesen, dass sich in der Eisenzeit hier ein Heiligtum befand, das einer weiblichen Gottheit geweiht war. Darauf deuten die Opfergaben wie Klapperbleche in stilisierter Form von Frauengestalten, Schmuck aus Bronze, Glas und Bernstein hin.

Pons Drusi (Bozen)
Das Bozner Becken, wo der Eisack in die Etsch mündet, war seit jeher ein wichtiger Verkehrsknotenpunkt. In der Römerzeit befand sich hier die Straßenstation Pons Drusi. Von der Brücke sind keine Überreste erhalten, es wird aber vermutet, dass sie unweit der heutigen Loretobrücke stand. Diese Annahme wird durch den Ortsnamen aus dem 13. Jh. *Puntesis* unterstützt. Die römische Straßenstation scheint übrigens in der *Tabula Peutingeriana* auf (siehe S. 147). Erst Mitte der 1990er Jahre wurde das Rätsel um den genauen Standort dank der Ausgrabungen im Kreuzgang des Kapuzinerklosters gelöst. Heute herrscht weitgehend Einigkeit darüber, dass die Straßenstation *Pons Drusi* im Bereich des Klosters lag und sich auf der einen Seite bis zum heutigen Sernesiplatz und auf der anderen bis zum Eisack erstreckte. Bedeutende römische Siedlungsspuren sind auch in Gries entdeckt worden.

Modell des Opferplatzes von St. Walburg

Eppan
Eine prächtige römische Villa ist 2005 bei Bauarbeiten im Aichweg in St. Pauls (Eppan) ans Tageslicht gekommen. Bemerkenswert sind vor allem die Mosaikböden, die für Südtirol einzigartig sind, sowie die Fresken an den Wänden. Es wird vermutet, dass es sich um den Großgrundbesitz des Appius handelt, der dem Dorf Eppan (*Appianum*) den Namen gab. Leider befindet sich die Villa auf Privatgrund und ist nicht öffentlich zugänglich. Im Eppaner Raum sind außerdem die Siedlungsspuren in Lambrecht zu erwähnen. Sie reichen von der Eisenzeit bis rund ins 8. Jh. Von erheblicher archäologischer Bedeutung sind auch die Terrassensiedlung der Laugener Kultur (Endbronzezeit) in der Gärtnerei Gamberoni sowie der Putzer Gschleier. Der markante Weinberg bei St. Pauls war in der Bronzezeit und Eisenzeit bewohnt. Die zahlreichen eisenzeitlichen Geräte, die hier entdeckt wurden, unterstreichen die Rolle der Landwirtschaft in diesem Gebiet.

Galgenbühel (Salurn)
Die Menschen der Mittelsteinzeit waren nicht nur Jäger und Sammler, sondern auch Fischer. So ernährten sich die Bewohner des Galgenbühels in Salurn zwar auch von Wild (Hirsch, Wildschwein und Biber), aber vor allem von Hechten und Forellen. Sie aßen auch Süßwassermuscheln und Schildkröten. Das rund 10.000 Jahre alte Menü unserer Vorfahren haben die Archäologen dank der gemachten Funde rekonstruiert. Der Galgenbühel am Fuße einer hohen Felswand wurde über die Jahrtausende bewohnt bzw. als Kultplatz genutzt. Der massive Schotterabbau dürfte leider viele vorgeschichtliche Spuren zerstört haben. Dennoch ist dieser Ort von Bedeutung, denn er ist eine der wenigen bisher in Südtirol bekannten Talniederlassungen der Mittelsteinzeit. Hier lag des Weiteren ein Brandopferplatz der Endbronzezeit und ein römischer Friedhof mit rund 130 Gräbern.

Lengstein (St. Verena – Ritten)
Die Rittner Hochfläche war seit der Steinzeit besiedelt. Ein prächtiger Menhir aus der Kupferzeit wurde bei Lengstein entdeckt. In die Stele eingeritzt sind Beile, Dolche, ein Halsring und ein breiter Gürtel. Der Stein war sicherlich Teil einer megalithischen Kultanlage, leider ist sein genauer Fundort nicht bekannt. Er soll als Fußschemel vor einem Bildstock und dann lange Zeit als Dengelstein am Penzl-Hof verwendet worden sein. Eine vorgeschichtliche Siedlung lag ganz in der Nähe, am Kirchhügel von St. Verena, von wo man einen herrlichen Blick auf das Eisacktal genießt. Die Funde lassen eine Datierung von der Bronzezeit bis in die jüngere Eisenzeit zu.

Römische Spielwürfel (Stufels, Villanders)

Runggeregg und Katzenlocherbühel (Seis und Kastelruth)
Auf der Südseite des Laranzwaldes bei Seis liegt am Runggeregg ein eisenzeitlicher Brandopferplatz. Es handelt sich um das einstige Heiligtum einer nahe gelegenen Siedlung am Gschlier. Hier wurden große Mengen an Keramikscherben und anderer Opfergaben aus Bronze und Eisen, aber vor allem verbrannte Knochen freigelegt. Unter diesen befanden sich fast ausschließlich Menschenknochen. Es könnte sich um eine Form der Sonderbestattung oder um Menschenopfer handeln. Eine befestigte Kuppensiedlung befand sich außerdem etwas weiter im Norden Richtung Kastelruth am Katzenlocherbühel. Diese geht auf die Bronzezeit zurück, die Wallanlage dürfte aber spätrömisch oder frühmittelalterlich sein.

Col de Flam (St. Ulrich)
Glaubt man den Überlieferungen, dann hat der Name Col de Flam in St. Ulrich seinen Ursprung in der Vorgeschichte. Hier am „Flammenhügel" habe in ferner Zeit eine blutige Schlacht stattgefunden und die Toten seien dann auf großen Feuern verbrannt worden, erzählt man. 1848 wurden an diesem geschichtsreichen Ort die ersten Funde getätigt. Hier lag in der späten Eisenzeit ein Brandopferplatz. Es wurden eine Vielzahl an Fibeln und Schmuck, aber vor allem Waffen (Lanzenspitzen, Schwerter und Äxte) entdeckt. Leider lassen die Berichte aus dem 19. Jh. keine genaueren wissenschaftlichen Schlüsse zu. Vielleicht wurden Funde aus Brandgräbern mit jenen eines Brandopferplatzes sogar vermischt. In den 1970er Jahren stießen Archäologen auf dem Col de Flam auf die Reste eines vorrömischen Hauses.

Säben (Klausen)
Am Säbener Berg kann man wie in einem Buch in der Geschichte lesen. Die ersten archäologischen Spuren gehen auf die Jungsteinzeit zurück. Zahlreiche Münzfunde stammen hingegen aus der Römerzeit und dürften mit einer Siedlung und einem Kultplatz in Verbindung stehen. Während der Völkerwanderungszeit nutzte die Bevölkerung der Umgebung vermutlich die natürliche Verteidigungsfunktion dieses auf drei Seiten schroff abfallenden Berges. Die rund 1.000 Bestattungen, die hier entdeckt wurden, gehen auf das frühe Christentum zurück. Bei Grabungsarbeiten wurden die Reste mehrerer frühchristlicher Kirchen freigelegt. Spätestens in der zweiten Hälfte des 6. Jh. war Säben auch Bischofssitz.

Stufels (Brixen)
Der Brixner Stadtteil Stufels liegt auf einer Landzunge am Zusammenfluss von Eisack und Rienz. Die natürlichen Terrassen waren seit der Mittelsteinzeit bewohnt. In der Jungsteinzeit standen hier bereits Gebäude und es wurde Landwirtschaft betrieben, wie auch während der Kupferzeit und Bronzezeit. In der Eisenzeit befand sich in Stufels eine bedeutende Rätersiedlung. Die Römer legten an dieser strategisch wichtigen Stelle eine Straßenstation (Mansio) an. Neben Wohnhäusern, Werkstätten und Lagerräumen gab es auch ein kleines Thermalbad mit ausgefeiltem Heizungssystem. Über die Rienz führte eine Brücke.

◂ Steigeisen aus der Windschnur

▴ römische Amphore aus Innichen

Tötschling (Brixen)
Viele Südtiroler Menhire haben eine ganz besondere Fundgeschichte, so auch jener von Tötschling, oberhalb von Brixen. Hermann Moosburger vom Stillenhof hatte ihn auf seinem Grund in einer Trockenmauer entdeckt. 1955 bekam ihn der Volkskundler Hans Fink zu Gesicht und machte den Fund publik. Auf dem Stein aus der Kupferzeit sind Dolche und Äxte dargestellt. Wenig Vorgeschichtliches dürften hingegen die Felsbilder auf der Tschötscher Heide an sich haben. Auf den vom Gletschereis geschliffenen Felsen sind neben Schalensteinen auch kuriose Mühlespiele und Kreuzquadrate eingeritzt. Das Mühlespiel ist erst im Frühmittelalter von Asien nach Europa gelangt.

Nössingbühel (Neustift – Brixen)
In der Bronzezeit lag am Nössingbühel, nördlich von Neustift, eine blühende Siedlung. Die Menschen lebten hier vor allem von der Landwirtschaft und der Viehzucht, wie die Knochenfunde belegen. Anhand der zahlreichen Pfeilspitzen aus Feuerstein kann aber auch angenommen werden, dass die Jagd weiterhin eine wichtige Rolle spielte. In der näheren Umgebung gab es weitere Siedlungen. Am Nössingbühel sind die Siedlungsspuren noch recht gut auszumachen. Die Reste des Walls auf der Nordseite des Hügels könnten mittelalterlich sein. Am südöstlichen Rand der Kuppe liegt ein Schalenstein. Unmengen an Scherben und Steinwerkzeugen wurden am Nössingbühel geborgen. Zu den schönsten Stücken zählt eine Bronzenadel.

Windschnur (Niederrasen)
Dort wo das Antholzer Tal in das Pustertal mündet, liegt ein Feld mit dem vielsagenden Namen Windschnur. Hier wurde ein bedeutendes und weitläufiges Gräberfeld aus der Eisenzeit entdeckt. Das Dorf befand sich hingegen am nahen Galgenbühel. Die Lebenden hatten für sich ein sonniges und vor dem Wind weitgehend geschütztes Plätzchen ausgesucht. Die Urnen der Toten wurden in der Windschnur beigesetzt. Jedes Grab dürfte, ähnlich wie die heutigen Gräber, mit Steinen an der Oberfläche gekennzeichnet worden sein. Die Grabbeigaben erzählen uns viel vom Leben der Menschen der Eisenzeit. Die Steigeisen aus dem Grab 44 belegen, dass man schon damals ins Hochgebirge stieg (siehe S. 30).

Littamum (Innichen)
Ein einfacher Schreibfehler auf dem *Itinerarium Antonini* hat lange Zeit die Archäologen auf der Suche nach der römischen Straßenstation *Littamum* in die Irre geführt. Die Entfernung der *Mansio* von *Aguntum* wird auf dieser Karte mit XXIII römischen Meilen angegeben. Das wäre in Straßen in Osttirol, wo es tatsächlich römische Spuren gibt. Für den Südtiroler Archäologen Reimo Lunz ist hingegen ein Fehler bei der Abschrift naheliegend: XXXIII Meilen ab *Aguntum* würde man nämlich nach Innichen gelangen, wo dank mehrerer Ausgrabungen eine ausgedehnte Römersiedlung belegt ist. Wie in *Sebatum* und *Aguntum* dürften die Bewohner Ende des 5. Jh. auf einem nahen Hügel Zuflucht gesucht haben.

LITERATURHINWEISE

Angelucci, Diego: Nuovi dati sulla preistoria delle Dolomiti. La campagna di scavo 1994 nei siti mesolitici del Plan de Frea (Selva val Gardena). In: Ladinia, 20, 1996. S. 19–37.

Angelucci, Diego: Plan de Frea. Selva di val Gardena, Bolzano. In: Broglio, Alberto (Hg.): Paleolitico, mesolitico e neolitico dell'Italia nord-orientale. Guide Archeologiche, Preistoria e Protostoria in Italia, 4, XIII Congresso internazionale delle scienze preistoriche e protostoriche. Forlì, 1996. S. 191–197.

Bignami, Luigi: Nella tana dell'orso. In: Meridiani Montagne, Dolomiti di Fanes, 29, 2007.

Ciurletti, Gianni (Hg.): Acqua Fredda Passo del Redebus. I forni fusori della tarda età del Bronzo. Trient, 2008.

Dal Ri, Lorenzo / Baggio Bernardoni, Elisabetta: Una campagna di scavo a Castelfeder. In: Aquileia Nostra, 57, 1986. S. 849–864.

Dal Ri, Lorenzo / Rizzi, Gianni: Archäologische Ausgrabungen auf dem Plunacker in Villanders. In: Der Schlern, 63, 1989. S. 201–224.

De Battaglia, Franco / Marisaldi, Luciano: Dolomiti. Sentieri di storia e leggenda. Bologna, 2007.

Demetz, Stefan: Museo Archeologico dell'Alto Adige – La guida. Wien – Bozen, 2000 (2. Aufl).

Demetz, Stefan / Lunz, Reimo / Brunner Renzler Luzia: Urne, Beil & Steigeisen. Archäologie in Rasen-Windschnur und der rätselhafte Rieserfernerfund. Katalog zur Ausstellung. Lana, 1997.

Dumler, Helmuth: Rund um Bozen. Sarntal – Ritten – Klausen. München, 2002.

Fleckinger, Angelika: Ötzi, der Mann aus dem Eis. Alles Wissenswerte zum Nachschlagen und Staunen. Wien – Bozen, 2005 (3. Aufl.).

Gamper, Peter / Steiner, Hubert: Das Ganglegg bei Schluderns. Eine befestigte bronze- und eisenzeitliche Siedlung im oberen Vinschgau. Bozen, 1999.

Gleirscher, Paul: Die Räter. Chur, 1991.

Gleirscher, Paul / Nössing, Josef / Andergassen, Leo: Der Kofel in Kastelruth – Burgberg, Kalvarienberg. Kastelruth, 1990.

Gleirscher, Paul / Nothdurfter, Hans / Schubert, Eckehart: Das Rungger Egg. Römisch-Germanische Forschungen 61. Mainz, 2002. S. 232.

Hauser, Luis: Die bronzezeitlichen Kupferschmelzöfen in „Fennhals" über Kurtatsch. In: Der Schlern, 60, 1986. S. 75–87.

Innerebner, Georg: Über den Fundort des Hauensteinerschwertes. In: Der Schlern, 25, 1951. S. 330–334.

Innerebner, Georg: Die Wallburgen Südtirols. Eisacktal, Bozner Becken und Unterland. Bozen, 1976.

Innerhofer, Herbert: Olang. Eine Gemeinde im Wandel der Zeiten. Olang, 1984.

Leitgeb, Gottfried: Mein 2.800 Jahre alter Gletscherfund am Rieserferner. In: Südtirol in Wort und Bild, 1/2005. S. 16–20.

Leitgeb, Gottfried: Die Flucht des Brixner Bischofs Hartmann in das Antholzertal. In: Südtirol in Wort und Bild, 2/2005. S. 16–18.

Lunz, Reimo: Ur- und Frühgeschichte Südtirols. Bozen, 1973.

Lunz, Reimo: Archäologie Südtirols. Calliano (Trient), 1998 (2. Aufl.).

Lunz, Reimo: Archäologie in St. Lorenzen von der Mittelsteinzeit bis zum frühen Mittelalter. St. Lorenzen, 2003.

Lunz, Reimo: Archäologische Streifzüge durch Südtirol, I, Pustertal und Eisacktal. Bozen, 2005.

Lunz, Reimo: Archäologische Streifzüge durch Südtirol, II, Etschtal. Bozen, 2006.

Marzoli, Catrin / Dal Ri, Lorenzo: Baubegleitende archäologische Grabungen auf dem Hügel von Schloss Sigmundskron. In: Tscholl, Werner / Rainer, Alexa (Hg.):

Sigmundskron – Castel Firmiano – Sigmundskron Castle. Revitalisierung – Revitalizzazione – Renewal 2003–2006. Bozen, 2006.

Menara, Hanspaul: Südtiroler Urwege. Bozen, 1999 (4. Aufl.).

Metzger, Ingrid R. / Gleirscher, Paul (Hg.): Die Räter – I Reti. ARGE Alp, III, 1992.

Niederwanger, Günther: Eine rätische Siedlung auf dem Burgstall bei Riffian. In: Der Schlern, 81, 2007. S. 5–12.

Nothdurfter, Hans: Katalog der frühchristlichen und frühmittelalterlichen Kirchenbauten in Südtirol. In: Sennhauser, Hans Rudolf (Hg.): Frühe Kirchen im östlichen Alpengebiet von der Spätantike bis in die ottonische Zeit. München, 2003.

Nothdurfter, Hans / Hauser, Luis: Bronzezeitliche Kupferschmelzöfen aus Fennhals. In: Denkmalpflege in Südtirol, 1986. S. 177–179.

Planker, Stefan: La guida breve Museum Ladin. St. Martin in Thurn, 2002.

Rabeder, Gernot / Frischauf, Christine / Withalm, Gerhard: Die Conturineshöhle und der ladinische Bär. Corvara, 2006.

Rizzi, Giovanni (Hg.): Schweigende Felsen. Das Phänomen der Schalensteine im Brixner Talkessel. Vahrn, 2007.

Secco, Luigi: I ritrovamenti mesolitici del Colbricon. O.O., 1978.

Stefan, Walter (Hg.): Der hallstattzeitliche Schatzfund von Fließ. Schriften Museum Fließ 2. Fließ, 2008.

Steiner, Hubert / Mahlknecht, Markus: Ein frühbronzezeitlicher Dolch aus Martell, Flur „Altkaser". In: Der Schlern, 82, 2008. S. 4–25.

Stodiek, Ulrich / Paulsen, Harm: Mit dem Pfeil, dem Bogen ... Technik der steinzeitlichen Jagd. Archäologische Mitteilungen aus Nordwestdeutschland, Suppl. 16. Oldenburg, 1996.

Südtiroler Archäologiemuseum (Hg.): Culti nella preistoria delle alpi. Le offerte – I santuari – I riti. Wien – Bozen, 1999.

Tauber, Veronika / Tecchiati, Umberto: Un regno di pietre. La musealizzazione dell'area di culto dell'età del Rame di Velturno in Val d'Isarco. Bozen, 2008.

Tecchiati, Umberto: Sotćiastel. Un abitato fortificato dell'età del bronzo in val Badia. Bozen, 1998.

Tomedi, Gerhard: Der bronzezeitliche Schatzfund vom Piller. Schriften Museum Fließ 1. Fließ, 2004.

Walde, Elisabeth / Grabherr, Gerald: Aguntum. Museum und archäologischer Park. Dölsach, 2007.